沖縄の葬式と法事と位牌

スーコー㊦トートーメー

令和改訂版

むぎ社編

沖縄の葬式と法事と位牌

スーコーとトートーメー

目次

スーコー

第4章 ナンカスーコー（週忌）

スーコー

◎葬儀が終わってから行う手続き ―― 137

トートーメー

第1章 トートーメー（イフェー・位牌）とは

第2章 イフェーのまつり方・つぎ方

トートーメー

第3章 継承のタブー

スーコー・トートーメー Q&A

スーコー・トートーメー Q&A

スーコー・トートーメー Q&A

スーコー

身近な人が亡くなってからの流れ・手続き

臨終《りんじゅう》から納棺《のうかん》まで

臨終

・家族や親戚への連絡を行い、故人の身なりを整える。

死亡診断書の受け取り

※ p.14 参照

▼

搬送と安置

・病室・霊安室などから自宅、もしくは葬儀社の施設に搬送して安置する。

▼

打ち合わせ

・葬儀社との打ち合わせ。火葬や葬儀に必要な段取りを決め、見積を取る。

▼

通夜の準備

・部屋をかたづけ、祭だんを飾る。
遺影を選び、枕飾り等の準備を行う。

▼

納棺

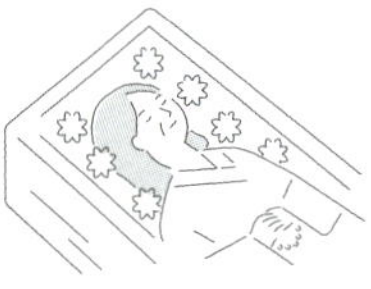

・遺体を棺におさめる。愛用品などを一緒に入れ、祭だんの前に安置する。

通夜《つや》から納骨《のうこつ》まで

通夜

・自宅、もしくは葬儀社の式場にて故人と最期の夜を過ごす。

▼

出棺

・遺族・近親者などで棺を霊柩車まで運び出す。

▼

火葬

・棺を炉におさめ、火葬のすんだお骨で「骨あげ」を行う。

火葬許可証が必要※

▼

葬儀・告別式

・通常、葬儀の後に告別式。葬儀への参加は遺族と近親者がメイン。

▼

納骨

・ヒジャイガミへの祈願の後に、「相の合う者※」が墓口を開け、納骨する。

※火葬許可証—死亡届と同時に、火葬許可申請書を提出して交付される。通常は依頼した葬儀社が代行してくれる。

※相の合う者—亡くなった者の干支を中心に考え、墓口を開けてよい干支、開けてはいけない干支があるとされる。「相の合う者」とは墓口を開けてよい干支の者、ということになる。

第1章 臨終《りんじゅう》から納棺《のうかん》まで

01 死亡診断書を受け取る

Check!

- **死亡の状況によって亡くなったあとの手続きがかわってきます。**
- **死亡診断書は複数枚コピーをとっておきましょう。**

◆病院で亡くなった場合

病院で看取る場合、医師がすぐに死因を確認して**死亡診断書**《しぼうしんだんしょ》を発行してくれます。

事故（交通事故や火災など）のときでも、病院に運ばれて24時間以上たって亡くなった場合は、病気で亡くなったときと同じように自然死と見なされ、すぐに死亡診断書を書いてくれます。

◆病院に運ぶ途中で亡くなった場合

容態が急に悪くなり、病院に移送する途中で亡くなった場合も自然死と見なされ、すぐに死亡診断書を書いてくれます。

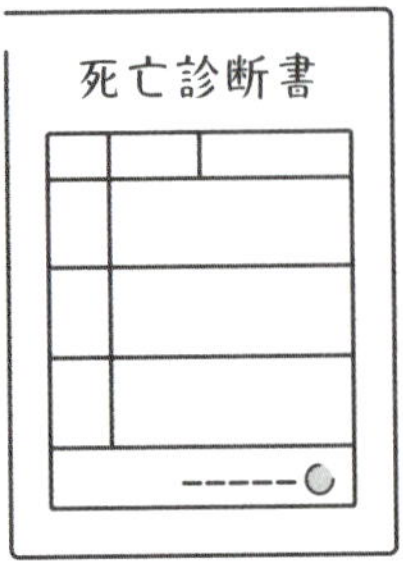

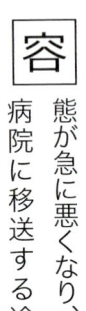

◆自宅で亡くなった場合

自分の家で療養中《りょうようちゅう》に亡くなったときは、すみやかにかかりつけの病院に連絡し、主治医《しゅじい》に来てもらいます。連絡がつかないときは、同じ病院の医師（何科の医師でもよい）か近くの病院の医師に来てもらいます。

休日などで病院の医師に連絡がつかないときは、110番で警察医に来てもらうこともできます。

◆突然死・事故死や自殺などの場合

療養中の病気などがなく、突然亡くなった場合も警察に連絡する必要があります。

警察は検視を行い、事件性がなければ医師に遺体を引き渡します。医師は死因などを判定する検案を行い、「**死体検案書**《したいけんあんしょ》」を発行します。それが死亡診断書のかわりとなります。

検視が行われる場合、遺体が遺族の元に帰ってくるまでに半日～数日ほどの時間を要します。自然死や病死など、事件性がないことが比較的はっきりしている場合は検視の時間も早く済むようです。

事故死や自殺の場合も同様に検視が行われますが、**事件性が疑われるケースでは司法解剖《しほうかいぼう》を行うことになります。**手続きや搬送も含めて数日以上を要します。遺体の状態によっては、DNA鑑定を行うこともありますが、その場合は遺族のもとに遺体が帰ってくるまでには早ければ10日、長いときには2カ月ほどの時間を要することになります。

◆死亡診断書はコピーして複数持っておこう

死亡診断書は火葬や納骨の手続き以外にも、保険金の請求、銀行や携帯の解約・名義の変更など様々な場面で必要になります。**必ず複数枚をコピーしておきましょう。**

02 遺体を清める（アミチュージ）

Check!

●アミチュージ（湯灌）には故人の現世での苦しみ・迷いを洗い清める意味がある。

●病院や葬儀社のスタッフが代行してくれますが、自宅で亡くなった場合などに家族も参加して湯灌を手伝うこともあります。

◆自宅で亡くなったとき

亡くなった人の体を清めることを沖縄では**「アミチュージ」**といいます。故人をきれいな体で旅立たせたいという思いをこめて、遺体を清めるのです。むずかしいことばでは**「湯灌《ゆかん》」**といいます。

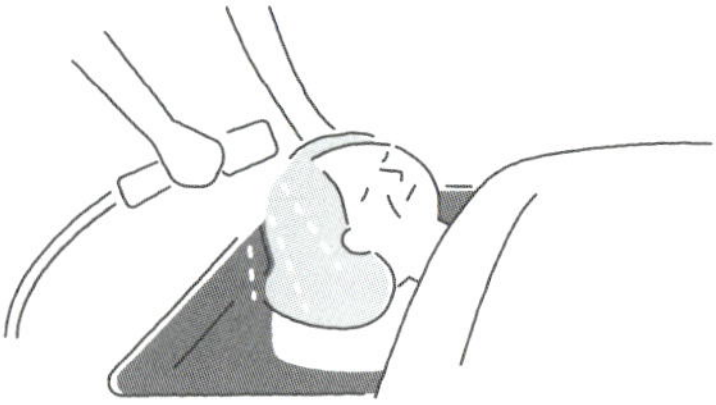

体を清める水は**「サカミジ」**（逆水）」といって、冷たい水にお湯をそそいでつくっていました。しかし現在では、お風呂場で全身を洗うか、アルコールをひたしたガーゼなどでふくのが一般的になっています。

◆病院で亡くなったとき

病院で亡くなった場合は、ガーゼや脱脂綿《だっしめん》をアルコールにひたして全身をふくのが一般的です。このような方法を「清拭《せいしき》」といいます。最近は、病院のシャワー室で全身を洗うこともおこなっているようです。

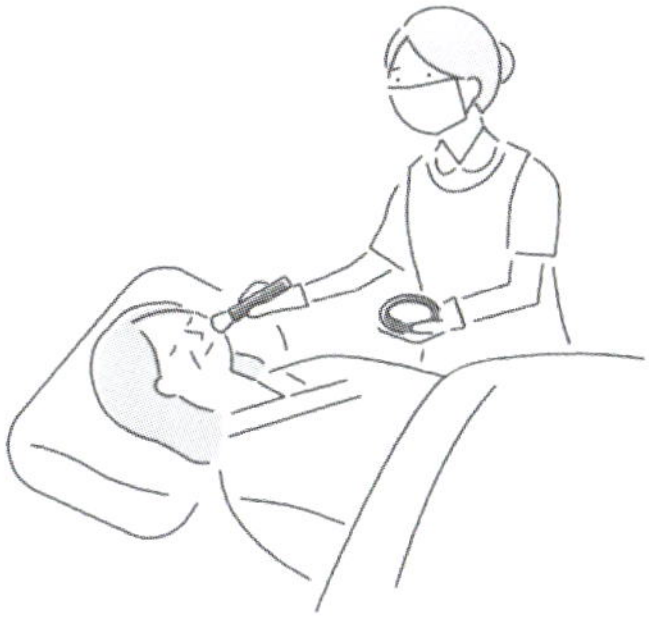

◆遺体を清めたら

遺体を清めたら耳、鼻、口、肛門などに脱脂綿《だっしめん》をつめます（体液が漏出するのを防ぐためですが、近年ではこの処置を行わないことも増えてきています）。そして、目が開いていたらまぶたをそっとなでるようにして閉じさせ、口が開いていたら下あごからささえて閉じます。

このような処置は、自宅で亡くなった場合は頼めば葬儀社《そうぎしゃ》が、病院で亡くなった場合は看護士さんがおこなってくれますので、無理に遺族が行う必要はないでしょう。

しかし、アミチュージ（湯灌《ゆかん》）には、故人の現世での苦しみや、迷《まよ》いを遺族《いぞく》の手で洗い清めるという意味あいもあります。

自宅など、落ちついた環境であれば、遺族が手伝うことも故人の癒しにつながるのではないでしょうか。

沖縄のしきたり

アミチュージに使う水は、生まれたときに使った泉の水（産井戸《ウブガー》）でなければいけないとされていました。

また、死者を清めるときはかならず手に白いタオルをまく（南部地域など）という風習もありました。

03 着替えさせる（グソースガイ）

Check!

- **生前に希望していた服があれば着せます。**
- **死後硬直《しごこうちょく》のはじまる前に着せます。**
- **えりの合わせはふだんとは逆の左前にします。**

アミチュージ（遺体《いたい》の清め）が終わったらすぐに着がえさせます。

亡くなった人に着せる衣裳のことを「死装束《しにしょうぞく》」といいますが、沖縄では「**グソージン**（後生衣）」とよび、グソージンを着せることを「**グソースガイ**」といいます。

◆自宅で亡くなった場合

本人が一番気に入っていた服を着せることが多いようです。あらかじめグソージンを決めていたら、死後の硬直のはじまる前（死後二時間以内）に着がえさせましょう。もしも間に合わないときは上からかけてあげるようにしましょう。

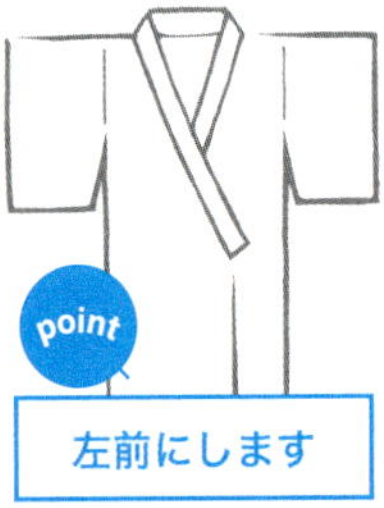

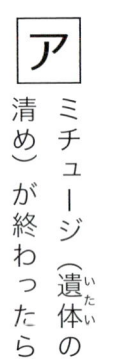

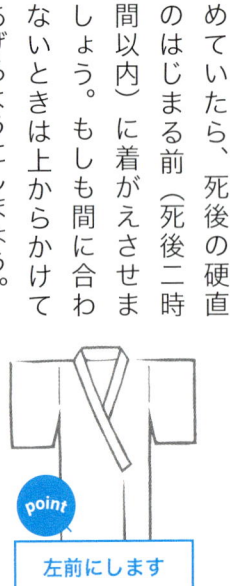

◆病院で亡くなった場合

病院では体を清めたらすぐに看護士さんの手によって浴衣《ゆかた》に着がえさせることが多くなっています。もし本人が生前に希望していた服や、家族が着せたい服がある場合は、遠慮《えんりょ》なく申し出てこのときに着せてもらいましょう。

この場合も、えりの合わせ方は、男女ともに**左前《ひだりまえ》（ヒジャイウチャーシ）にします。**

◆針をさす

沖縄には、グソージンの襟元《えりもと》に針をさす習慣があります。７本ずつの計14本の縫い針をさして、５センチほどの糸をつけます。

葬儀社《そうぎしゃ》の中には、葬儀セットの中に経《きょう》かたびらを入れている場合もあり、グソージンとして使うケースもあるようです。ただこの場合は、納棺《のうかん》のときに遺体《いたい》の上にかけてあげるのが一般的のようです。

沖縄のしきたり

グソージンは奇数枚（１、３、５、７、９…）でなければいけないという考え方がありました。なかでも５枚、７枚というのが一番多かったといいます。

色に関しては白いものがほとんどで、「トゥビイショウ」・「カンバニギン」・「シルチョウ」などとよばれていました。襟元《えりもと》にさす縫い針につける糸は、黒い糸と白い糸を使い分ける地域があったようです。

縫い針をさすのは、あの世で針と水を交換するためだとされています。

④ 死化粧（エンゼルメイク）をする

Check!

- **男性はひげをそり、女性はほほ紅をさすなど薄化粧をします。**
- **病院で行う場合でもかかる費用は保険適用対象外です。**

故人が亡くなってから納棺するまでの間に、できるだけ安らかな顔でお別れできるように**死化粧《しにげしょう》（エンゼルメイク）**をします。

髪を整え、爪が伸びていたら切りそろえ、男性ならひげをそり、女性ならほほ紅をさすなどの化粧をします。やつれが目立つようでしたら綿などを口に入れ（含み綿）、ふっくらとさせます。

病院で亡くなったときは、**エンゼルケア**（死後に行う処置・ケア）の一環として看護師が行う場合が多いようですが、病院によってエンゼルケアの範囲・内容が違いますので、気になる場合は尋ねてみましょう。遺族も一緒に化粧を行える病院もあるようです。

死化粧をしたあとは、移送する手配が整うまで、霊安室《れいあんしつ》に移動します。霊安室では焼香《しょうこう》がおこなわれます。

自宅で亡くなった場合は、手配した葬儀社のスタッフや納棺師《のうかんし》に任せることもできますが、死装束（グソースガイ）のときと同様に、遺族の手で行ってあげることもできます。

　近年では死化粧に適した、血色を補うような化粧品もネットなどで販売されているようです。

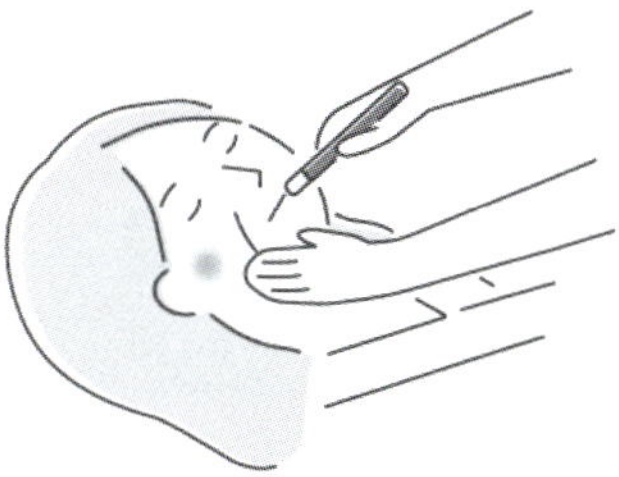

　故人が**肝炎《かんえん》など、血液や体液などへの接触により感染の危険がある疾患《しっかん》を患っていた場合は、きちんとした処置がなされるまで、遺体に触れるのは控えましょう。**時間の経過とともに遺体から突然出血が始まることもあります。

　エンゼルケアは感染症対策の上でも必須の措置ですが、医療機関で行われた場合でも**保険適用対象外です。**無料で行う機関もあるようですが、実費としておよそ3千～2万円ほどはかかるようです。

　葬儀社で行う場合は3万～10万円ほどが相場のようです。これは、提供できるサービスに幅があるためで、湯灌《ゆかん》などを行うかどうかによっても金額が変わってくるようです。

エンゼルケアとは

**　亡くなった方の死後の処置や、保清《ほせい》、エンゼルメイクを含めた全ての死後ケアのことを指します。病院であれば医療器具の取り外しから始まり、排泄物の処理・口腔《こうくう》ケアなどの医療行為のケアがメインです。**

**　葬儀社の場合は、遺族に寄り添いながら、故人をなるべく生前の姿に近づけるための処置が中心と言えるでしょう。**

05 遺体の安置

Check!

- **病院の霊安室は長時間使用できないため、早めに搬送をお願いしましょう。**
- **二番座（仏間）にイリマックヮ（西枕）で寝かせます。**

病院で亡くなった際の遺体の搬送《はんそう》は、葬儀社《そうぎしゃ》が決まっている場合は葬儀社が寝台車を用意してくれます。**病院の霊安室は、長時間使用できないケースが多い**ため、できるだけ速やかに連絡しましょう。

葬儀社が決まっていない場合は、病院の出入りの葬儀社を紹介してくれます。その場合、搬送のみをお願いすることもできます。葬儀や告別式は検討して他の業者にお願いしたい、といった場合は「**搬送《はんそう》だけ**」とはっきり伝えてください。なし崩し的に全て任せてしまうと、料金やプランの面でトラブルの原因にもなりかねません。

搬送には距離に応じて費用が発生します。亡くなった場所と安置場所が離れている場合には、あらかじめ費用を確認した方が無難です。また、遺体の搬送には前述した死亡診断書が必要になります。

近年、遺体は自宅に運ばずに直接斎場《さいじょう》に運ぶケースも増えてきています。葬儀社は安置室を備えている所がほとんどですので、希望の搬送先を伝えましょう。

施設の規模によっては、遺族が宿泊できて弔問客《ちょうもんきゃく》にも対応可能な**通夜室《つやしつ》**（安置室）も備えている場合があります。自宅での安置が難しい場合は、料金を確認のうえ、利用を検討してもよいでしょう。

◆イリマックワ（西枕）で寝かせる

沖縄の場合、ほとんどの地域がグソースガイした死者は、二番座（仏間）に「**イリマックワ**（頭を西にむけて）」にして寝かせます。

遺体《いたい》を安置する布団《ふとん》は、遺体が温まらないように薄手で白いものを用意します。敷き布団にはシーツをかけ、掛け布団は上と下を逆《さか》さまにしてかけます。そして顔は白い布でおおいます。

葬儀社に頼めば専用のものを用意してくれますが、セット料金に含まれていない場合は、追加料金となります。

遺体はドライアイスで冷やします。

沖縄のしきたり

本土の場合は、死者は北枕で寝かせます。これはお釈迦さまが亡くなったときの姿にならったものです。

沖縄では、西枕で安置するのが一般的です。死者は太陽の沈む方向に帰るという考え方からです。しかし、南部地方や八重山地方では南枕にして寝かせます。

06 枕飾り（そなえるもの）

Check!

- **地域によってそなえるものがちがいます。**
- **葬儀社で準備できるものと、遺族が用意しなければいけないものがあります。**

死者の枕元には、成仏《じょうぶつ》できますようにという願いをこめて**枕飾《まくらかざ》り**をします。おそなえものを飾る台は、白木か白い布をかけた小机を利用します。

そなえるものは地域によってかなりのちがいが見られます。

そのほかに**ンブシ**（豆腐とこんぶを入れてつくる汁）・**ウサチ**（酢のあえもの）・**チラガー**（豚の顔の皮）などをそなえる地域もあります。

沖縄のしきたり

昔はチチャーシウブンに使う米は、つき臼《うす》で精米してつくっていました。

盛《も》り切り飯《めし》という意味は、「一度きり」ということです。ですから盛り飯を「ニンチスーコー（年忌焼香）」でそなえることはやめましょう。

そなえるもの

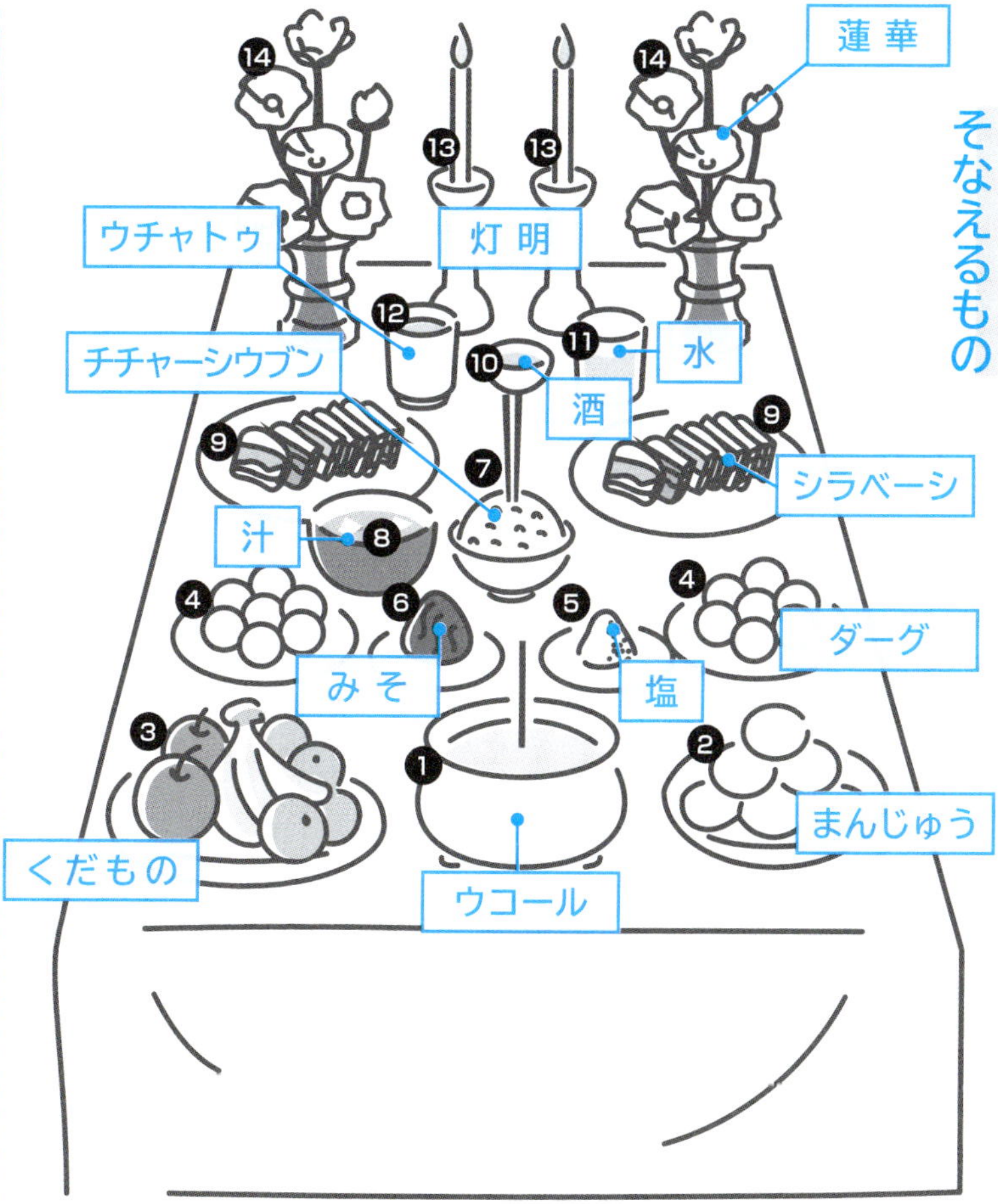

❶ ウコール（一本線香）
❷ まんじゅう（白いもの）
❸ くだもの
❹ ダーグ（だんご）
❺ 塩
❻ みそ
❼ チチャーシウブン（盛り切り飯）
❽ 汁
❾ シラベーシ（ゆでただけの豚肉）
❿ 酒
⓫ 水
⓬ ウチャトゥ（お茶湯）
⓭ 燈明（ローソク）
⓮ 蓮華《れんげ》（花立て）

◆遺族が用意するもの

チチャーシウブンと水・ウチャトゥ・酒は必ずそなえる地域が多いようです。
また、みそと塩は一つの皿に入れてはいけないとされています。

チチャーシウブン（盛り切り飯）

お椀に山盛りのご飯を入れ、それを故人の使っていたお椀に逆さに移しかえてつくります。山盛りのご飯のまん中に箸（二本）をまっすぐ（十字の形にする地域も多い）に立てます。

チチャーシウブン

酒・水・ウチャトゥ

水
酒
ウチャトゥ

くだもの

故人の好きだったくだもの、季節のくだものをおそなえしましょう。

くだもの

まんじゅう

白い色のまんじゅうにしましょう。

❷

まんじゅう

ダーグ

もち米や白玉粉でつくったダンゴ。一皿に7個盛ったものを二皿。

❹

ダーグ

塩・みそ

沖縄の古いしきたりでは、**みそと塩を一つの皿にいれてはいけない**とされています。そなえる場合は、別々の皿に入れるようにしましょう。

浦添市の前田ではみそだけを皿に盛ってそなえます。

❺

塩

❻

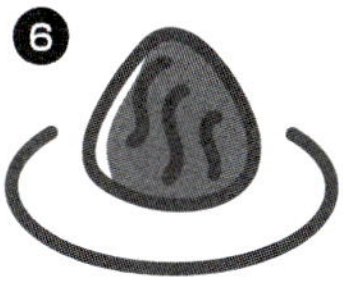

みそ

汁

豆腐、青菜やアーサなどを入れたすまし汁。

❽

汁

シラベーシ（シルベーシとも）

ゆでただけの豚肉（三枚肉）7切れを二皿に盛りつけたもの。

❾

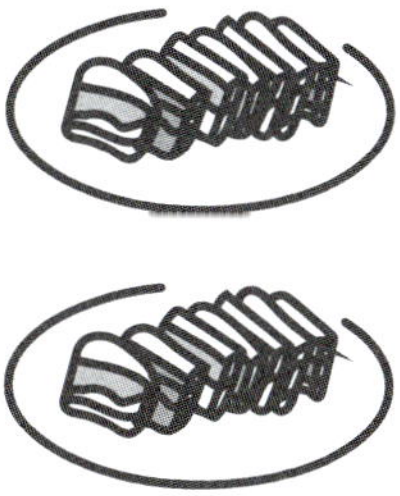

シラベーシ

◆葬儀社の用意するセットに含まれているもの

燈明《とうみょう》（ローソク）、ウコール、蓮華《れんげ》（花立て）、それを乗せる白木の台に関しては、大抵葬儀社の方で用意してくれます。

ただし火葬のみ、など自宅安置を必要としないプランについては、枕飾りは除外されているケースも多いので、必要であれば葬儀社に確認しましょう。

ウコール・燈明（ローソク）・蓮華（花立て）
＋白木の（もしくは白い布をかけた）台

❶

⓭
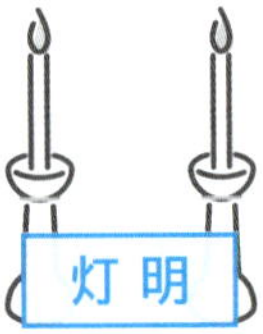

⓮

沖縄のしきたり

枕飾りにおそなえする供物は、地域によって多いところと質素なところに別れます。

「チチャーシウブン」・「汁」などは多くの地域でおそなえするようですが、浦添市の沢紙《たくし》では、そのほかに「味つけしていない豆腐と豚肉を一皿に盛りつけたもの」と、「小麦を水で少し練って十字型につき、一皿に入れたもの」をそなえます。

⑦ 葬儀社との打ち合わせ

Check!

- **葬儀社を決め、通夜から告別式までの日程を決めます。**
- **葬儀の形式・規模と場所を決めます。**

◆葬儀社を選定する

搬送時に葬儀社を決めていなかった場合、葬儀や告別式を依頼する葬儀社を選定しなければなりません。

葬儀社を選ぶ際に、何を重視して選べば良いのでしょうか。

まず一番のポイントは、**分かりやすい説明をしてくれる葬儀社を選ぶこと**です。特に料金やプランについてあいまいなまま進めてしまうと、後々のトラブルや後悔につながりかねません。

こちらが納得のいくまで、親身になって話を聞いてくれる葬儀社を選びましょう。可能であれば、**事前に数社に見積りをお願いして、比較検討《ひかくけんとう》するのが理想**です。

最初から葬儀社を決めてお願いしている場合は、遺体の安置後に打ち合わせをすることが多いようです。

◆打ち合わせの前に

葬儀社が決まったら、葬式に関する打ち合わせをします。**事前に重視したいことや希望をある程度はっきりさせておく**と、プラン選びや打ち合わせがスムーズに進行します。

◆通夜・葬儀・告別式の日程

死亡時刻から24時間たたなければ火葬することはできません。火葬には通常2～3時間ほどかかります。その後に葬儀・告別式となり、**沖縄の場合はその日のうちに納骨《のうこつ》まですませるのが一般的です。**

従来ですと、午前中に亡くなった場合はその日の夜が通夜となり、翌日に火葬・葬儀・告別式。午後に亡くなった場合は、その日の夜は仮通夜《かりつや》、翌日の夜が本通夜《ほんつや》となり、三日目に火葬・葬儀・告別式となるのが一般的なスケジュールでした。

しかしながら近年、火葬場がひっ迫するケースが頻発し、特に**火葬場の少ない地域では火葬まで何日も待たされる**ことが常態化しています。

いずれにしても、**火葬場《かそうば》の都合《つごう》によって日程をかえなくてはいけない場合があります**ので、火葬場の手配（葬儀社《そうぎしゃ》）はすみやかにお願いした方がいいでしょう。遺体の安置《あんち》にも費用がかかります。

	午前中に亡くなった場合	午後に亡くなった場合
1日目	通夜（当日夜）	仮通夜（当日夜）
2日目	火葬 葬儀 告別式	本通夜（夜）
3日目		火葬 葬儀 告別式

point 葬式当日が「友引」にあたる場合は、１日繰り延べにするケースもあるようです。

◆形式を決める

葬儀の形式は仏式・神式・キリスト教式などがあります。本土ではおよそ9割が仏式でおこなわれているとされています。

沖縄でもほとんどが仏式でおこなわれていますが、神式やキリスト教式に対応している葬儀社もあります。希望する場合は問い合わせてみましょう。

◆参列者を想定してプラン・場所を決める

沖縄における葬儀の規模は、故人の社会的な地位、会葬者《かいそうしゃ》の予想人数、経済的な条件によって決められ、中には数百人の参列者《さんれつしゃ》が集まる告別式もありました。

しかし昨今のコロナ禍に加え、経済的な理由や高齢化に伴う参列者の減少などを理由に、**大規模な葬儀は年々減少しています。**その代わりに増えてきたのが、親族を中心にごく親しい人のみで執り行う「**家族葬**《かぞくそう》」（37ページ～参照）です。

家族葬はこじんまりとした葬儀のイメージがありますが、**会館**《かいかん》**（ホール）を借りて葬儀を行う場合は、小規模の一般葬とそれほど違いはありません。**もちろん、会館の規模、香典返しなどの返礼品の数量によって費用は変わってきます。

お悔《くや》**み広告**などによって広く周知しない場合は、通夜や告別式に参列する人数も予想できるため、人数にあった会場を選択しやすいと言えるでしょう。葬儀社によっては**通夜室**《つやしつ》を備えているところもあり、最近では住宅事情などから**通夜も葬儀社で行う家庭も増えてきている**ようです。

次章「葬儀プランと葬儀費用」では家族葬や一般葬などのプランと費用について、より詳細に述べていきます。

08 通夜の準備と納棺

Check!

- **自宅で通夜を行う場合、ある程度のスペースが必要です。**
- **副葬品には、安全性の観点から入れてはいけないものがあります。**

自宅で通夜を行う場合は、祭だんを飾り、玄関飾りと忌中札《きちゅうふだ》をとりつけ、弔問客への軽食などを準備します。

祭だんの大きさにもよりますが、**枕飾りや棺なども置くと6畳間でもギリギリの広さになります。**

通夜に僧侶を呼ぶ場合、読経《どきょう》してもらうので遺族の席も考えましょう。また弔問客が焼香できるスペースも必要になります。

弔事《ちょうじ》の雰囲気にそぐわないものは取り外します。神棚のある家は、扉をしめて前面に半紙（白紙）をはります。扉のない神棚は半紙をはって神体をかくします。

仏だんの扉はしめておきましょう。イフェー（位牌）に半紙をはったり、裏返しにする地域もあります。

納棺は通常、葬儀社にまかせますが、できるならば遺族もかかわりたいものです。

遺体《いたい》は、頭部、肩、胴、脚の部分をそっとささえて、足の方から先にあおむけに静かに棺《ひつぎ》におさめます。**手は胸の上で組ませます。**

故人が愛用していた服や着物をかけるときは、すそが顔の方にくるように逆《さか》さにかけてあげます。葬儀社《そうぎしゃ》が用意した経《きょう》かたびらを使うときは、ほとんどの場合グソージンの上からかけてあげるようです。

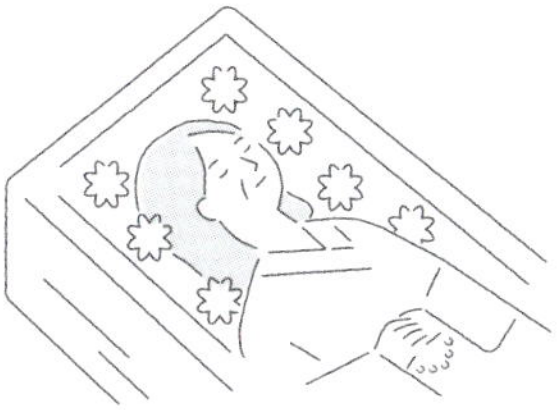

棺の中に入れる副葬品《ふくそうひん》は、故人が好きだったもの、思い出の品や趣味の品を入れるのが常ですが、入れてはいけないものもあります。メガネや時計などのガラス類・金属製品、燃えにくいカーボン製品や革製品など、**火葬場によっては細かく規定して禁止しているものがあります**ので、曖昧《あいまい》な場合は確認してみた方が無難です。

故人がペースメーカーを装着していた場合、**火葬の際に爆発する危険性がある**ため、亡くなってすぐに葬儀スタッフや医師などにお知らせする必要があります。

すべてをおさめ終わったら、祭だんの前に安置し、遺族や親族は焼香《しょうこう》します。

斎場《さいじょう》などで通夜《つや》からおこなう場合は、棺は会場まで運び、祭だんの前に安置します。

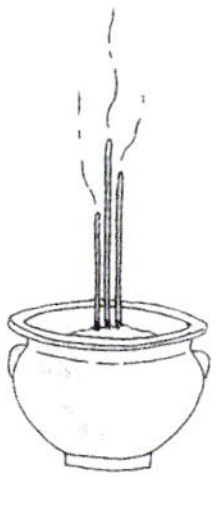

第２章　葬儀プランと葬儀費用

01 一般葬

Check!

- **昔ながらの沖縄の葬儀。新聞などで告知して、告別式に参列してもらいます。**
- **基本的なものはプランに含まれているが、火葬料やお布施などは別料金。**

従来、沖縄の葬儀社が提供していた葬儀プランは、昔ながらの**一般葬**《いっぱんそう》を中心に棺や祭壇《さいだん》の質・大きさなどによって費用が変わるプランがほとんどでした。

しかし近年、費用面を含むコンパクトな葬儀に対するニーズが増加してきたことに伴い、**「家族葬《かぞくそう》」**や**「直葬《ちょくそう》（火葬式《かそうしき》）」**といったプランが加わりました。

もちろん、全ての葬儀社で同じプラン名が使用されている訳ではありませんが、基本的な構成は似たようなものが多いと言えます。

それぞれの葬儀・プランの特徴を見てみましょう。

◆一般葬《いっぱんそう》とは

新聞などで告知して、**家族・親族以外にも広く参列していただく**葬儀のスタイルです。一般的に参列者の人数は、少なくとも30名を超えることが予想されるため、葬儀社と提携している会館（ホール）にて行うことがほとんどです。

◆一般葬《いっぱんそう》プランの特徴

通夜・告別式を行うことを前提に、基本的な葬具《そうぐ》やサービスを揃えたプラン。祭壇《さいだん》の大きさ・棺《ひつぎ》の素材や彫刻・骨壺《こつつぼ》の種類などによって、さらに細かくプランが設定されている場合もあります。

葬儀社によっては**会館使用料や返礼品・会葬礼状《かいそうれいじょう》などは別料金**となります。

一般的な告別式を伴う葬儀に関しては、基本的なものは揃っているといえますが、葬儀社によってはプランに含まれているものと含まれていないものがありますので、必ず内容を確認しましょう。**火葬料金・新聞掲載料《けいさいりょう》・宗教者への謝礼（お布施）**などは葬儀社ではなく、**それぞれへの支払い**となります。

葬儀社によっては追加のオプションで花を多くしたり、オリジナルの祭壇やムービーなど、より個性的な葬儀を演出することができます。希望があれば相談してみましょう。

告別式の情報については、新聞の他にもネットに掲載するサービスがあります。また、SNSなどで**訃報《ふほう》の共有ができる**サービスもありますので、多くの知人に確実にお知らせしたい場合は利用を検討しても良いでしょう。

ただし、**特に親しい方・長年のお付き合いがある方には直接連絡した方が無難《ぶなん》**な場合もあります。

一般葬に係る費用の内訳（例）

●会葬者100名以上を想定

※全て税込で計算

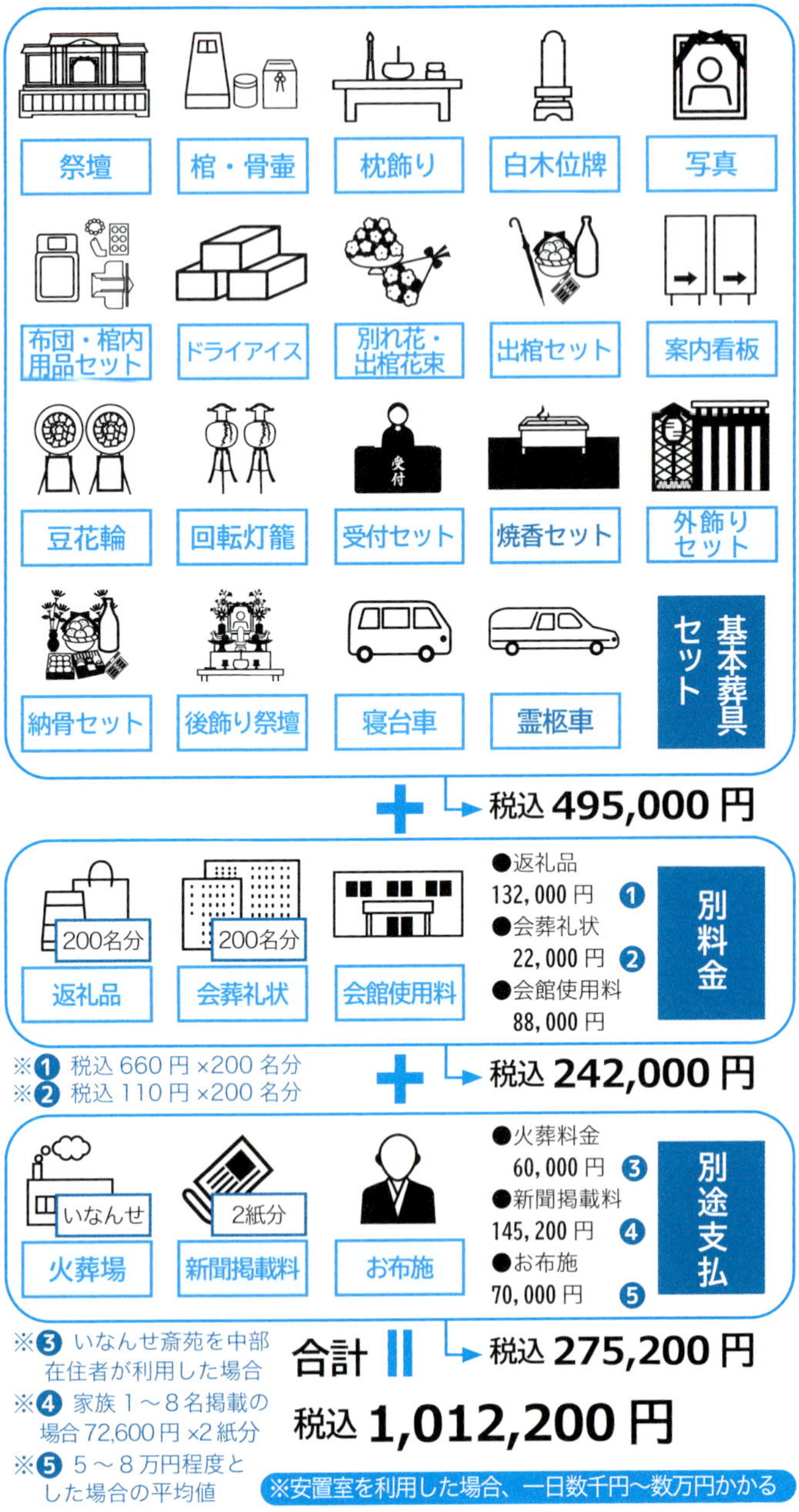
祭壇
棺・骨壷
枕飾り
白木位牌
写真
布団・棺内用品セット
ドライアイス
別れ花・出棺花束
出棺セット
案内看板
豆花輪
回転灯籠
受付セット
受付
焼香セット
外飾りセット
納骨セット
後飾り祭壇
寝台車
霊柩車
基本葬具セット
税込 495,000 円
200名分
返礼品
200名分
会葬礼状
会館使用料
●返礼品
132,000 円 ❶
●会葬礼状
22,000 円 ❷
●会館使用料
88,000 円
別料金
※❶ 税込 660 円 ×200 名分
※❷ 税込 110 円 ×200 名分
税込 242,000 円
いなんせ
火葬場
2紙分
新聞掲載料
お布施
●火葬料金
60,000 円 ❸
●新聞掲載料
145,200 円 ❹
●お布施
70,000 円 ❺
別途支払
※❸ いなんせ斎苑を中部在住者が利用した場合
※❹ 家族 1～8 名掲載の場合 72,600 円 ×2 紙分
※❺ 5～8 万円程度とした場合の平均値
税込 275,200 円
合計 ＝ 税込 1,012,200 円
※安置室を利用した場合、一日数千円～数万円かかる

02 家族葬

Check!

● **近親者のみで行う小規模な葬儀。近年需要が増え続けています。**
● **メリットとデメリット、両方を考えた上で選択する必要があります。**

◆家族葬《かぞくそう》とは

家族や親族など、**近親者のみで行う小規模な葬儀**です。家族葬への参列依頼が無い限り、**会社関係者・知人などの一般参列者《いっぱんさんれつしゃ》は参列しないと考えるのが無難**です。

◆家族葬《かぞくそう》プランの特徴

基本的な葬具《そうぐ》・サービスは一般葬とほぼ変わりません。主に違いが見られるのは、**返礼品（香典返し）・会葬礼状《かいそうれいじょう》の有無と新聞への茶毘《だび》広告（お悔み広告）の掲載が無い**点、また少人数で行うため、**葬儀で使用する会館の規模が比較的小さくて済む**点です。

近しい親族など身内のみでの葬儀の場合は、香典《こうでん》を辞退して、会葬礼状も省略することがあります。しかし知人や親しい友人なども参列する場合は、返礼品や会葬礼状も用意しておいた方が無難でしょう。**香典をいただいた場合は、お返しをする必要があります。**

香典返しの金額は、目安としては頂いた香典の二分の一から三分の一ほど。初七日（ハチナンカ）を終えた後、もしくは全国的な風習に倣って四十九日を終えた忌明《きあ》けに渡しましょう。

葬儀を行う場所については、**自宅**や葬儀社が保有している**通夜室**《つやしつ》、または**家族葬向けの小規模な会館**（ホール）、など様々な選択肢があります。**参列者の数、居住地や住宅環境などを考慮**して、担当者とよく相談の上決めましょう。

◆家族葬のメリット・デメリット

家族葬のメリットは、費用が一般葬に比べて抑えられる点もさながら、一番は**家族が葬儀の準備・対応に忙殺**《ぼうさつ》**されずにゆっくりと故人を見送ることができる**、という点にあるでしょう。大切な家族が亡くなり、その悲しみの中で知人・友人への連絡や、来客への対応をこなすのは大変なことです。

家族葬であるからといってそれが全て無くなるわけではありませんが、喪主や家族の負担を和らげ、**より多くの時間を、家族水入らずで故人とのお別れに充てることができる**、という利点があります。

デメリットとしては、**知人・友人が故人とのお別れをする機会を奪ってしまう**という点があげられます。

故人と親しかった人の中には、訃報を聞いてすぐにでも駆けつけたい、せめて火葬の前に対面したい、という方もいるかと思われます。

特に故人が生前、広い交友関係を築いていた場

スーコー

合は、**葬儀に招かれず、最期のお別れができないことに対して不満を抱く人も一定数出てくる**でしょう。

これを防ぐには、まず訃報は限られた人（家族・親族・本当に親しい知人、友人）にのみ伝え、**家族葬であり、訃報を伝えた方のみ参列が可能であること**をはっきり伝えることです。

そして参列いただかなかった方にはきちんと**事後報告**《じごほうこく》を行いましょう。**故人の死を悼**《いた》**み、見送りたい気持ちは皆同じ**です。故人と縁があった方の気持ちを酌《く》んで細かな配慮をすることは、故人を弔《とむら》うことにもつながるでしょう。

後日**お別れ会（偲**《しの》**ぶ会）**など、葬儀とは別に故人とのお別れの機会を設けるのも、一つの手段です。

こういったお別れ会は、通常ホテルの宴会場《えんかいじょう》やレストランなどで行われることが多く、**沖縄ではホテルが会場となるケースが多い**ようです。

費用については参加者が困惑《こんわく》することのないよう、会費制で統一した方がよいでしょう。

案内状には「**香典は辞退させていただきます**」の一文を明記しておけば、参加者に気を使わせずに済みます。

○家族葬のメリット

- 故人とゆっくりとお別れができる
- 費用が抑えられる（人数が多いと香典が無いために、費用が一般葬よりもかさむケースがあります）

×家族葬のデメリット

- 知人・友人が故人とお別れできず、不満を持つ
- 訃報を伝え聞いた人など、弔問したい人の予定外の訪問がある

対策として…

◎参列予定の人以外は参列できないことをはっきりと伝える
◎後日にきちんと事後報告を行う。お別れ会など、故人とのお別れの席を設ける

家族葬に係る費用の内訳（例）

●会葬者は近親者20名を想定

※全て税込で計算

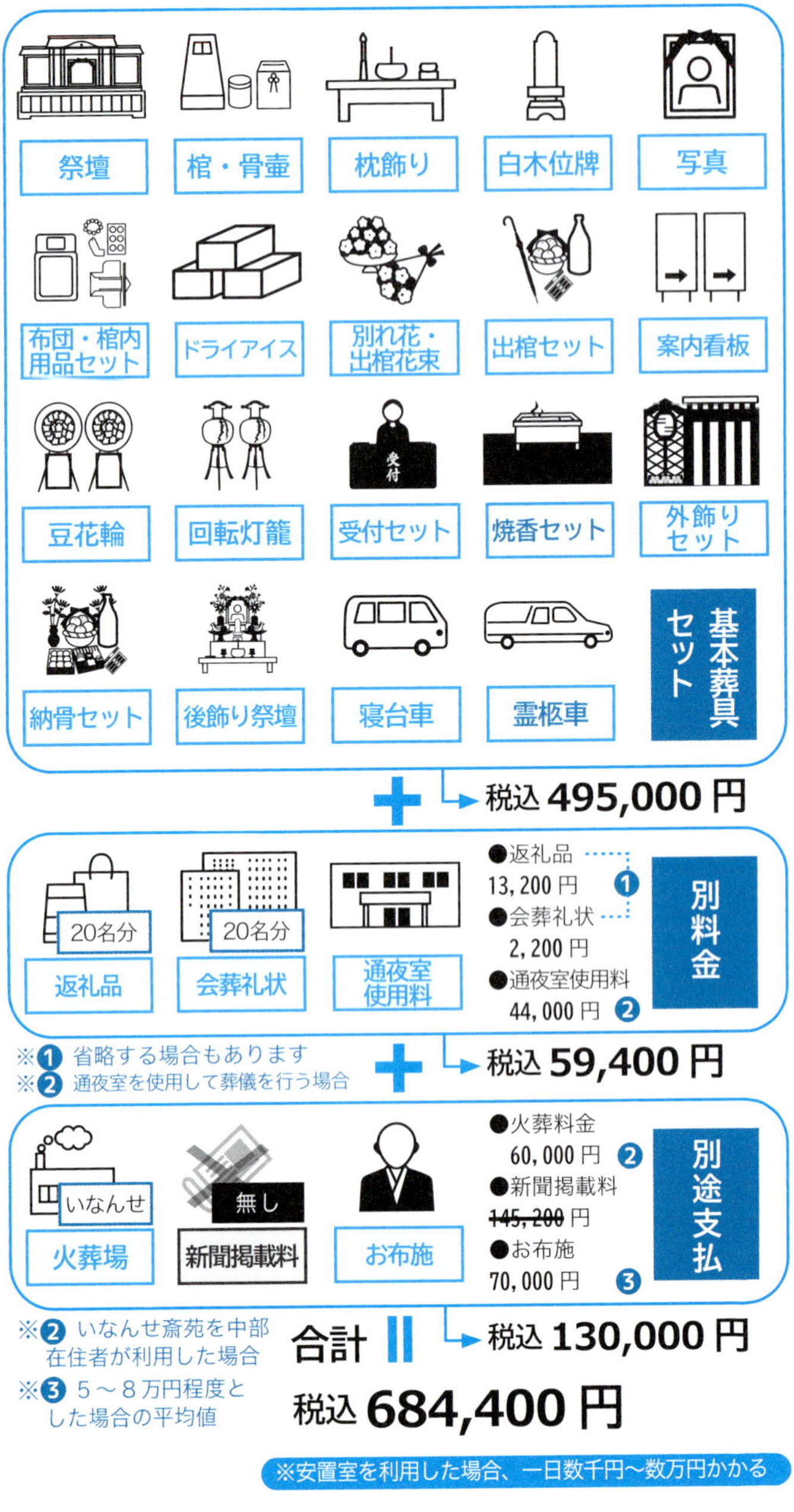

祭壇
棺・骨壷
枕飾り
白木位牌
写真
布団・棺内用品セット
ドライアイス
別れ花・出棺花束
出棺セット
案内看板
豆花輪
回転灯籠
受付
受付セット
焼香セット
外飾りセット
納骨セット
後飾り祭壇
寝台車
霊柩車
基本葬具セット
税込 495,000 円
20名分
20名分
返礼品
会葬礼状
通夜室使用料
●返礼品 13,200 円 ❶
●会葬礼状 2,200 円
●通夜室使用料 44,000 円 ❷
別料金
※❶ 省略する場合もあります
※❷ 通夜室を使用して葬儀を行う場合
税込 59,400 円
いなんせ
火葬場
無し
新聞掲載料
お布施
●火葬料金 60,000 円 ❷
●新聞掲載料 145,200 円
●お布施 70,000 円 ❸
別途支払
※❷ いなんせ斎苑を中部在住者が利用した場合
※❸ 5～8万円程度とした場合の平均値
税込 130,000 円
合計 ＝ 税込 684,400 円
※安置室を利用した場合、一日数千円～数万円かかる

03 直葬（火葬式）

Check!

- **通夜や告別式を行わず、火葬をする葬儀のかたちです。**
- **負担は少ない形式ですが、周囲の理解を得られないことが多いので、注意が必要です。**

◆直葬《ちょくそう》（火葬式《かそうしき》）とは

通夜や告別式を行わず、火葬をする形態を指します。最期の対面があるものが**「火葬式《かそうしき》」**、遺体を安置している場所から対面無しにそのまま火葬に移行するような形態が**「直葬《ちょくそう》」**と呼ばれることが多いようです。

◆直葬《ちょくそう》（火葬式《かそうしき》）プランの特徴

葬具などに関しては**必要最低限**のものに留められ、その分費用は抑えめです。**読経《どきょう》など供養の儀式がありません**（葬儀社によって違います）ので、当然お坊さんに対するお布施も発生しません。**一番シンプルな葬儀の形**といえるでしょう。経済的な面だけではなく、時間や労力など、様々な部分での負担が少ない葬儀の形式です。

しかしながら、**読経《どきょう》なども行わず、対面時間《たいめんじかん》が短い、もしくは全く無い**といった形式には**理解が得られない**ことも多く、親族や知人との間で後々トラブルに発展する可能性もあります。

直葬（火葬式）に係る費用の内訳（例）

●会葬者は親族のみを想定

※全て税込で計算

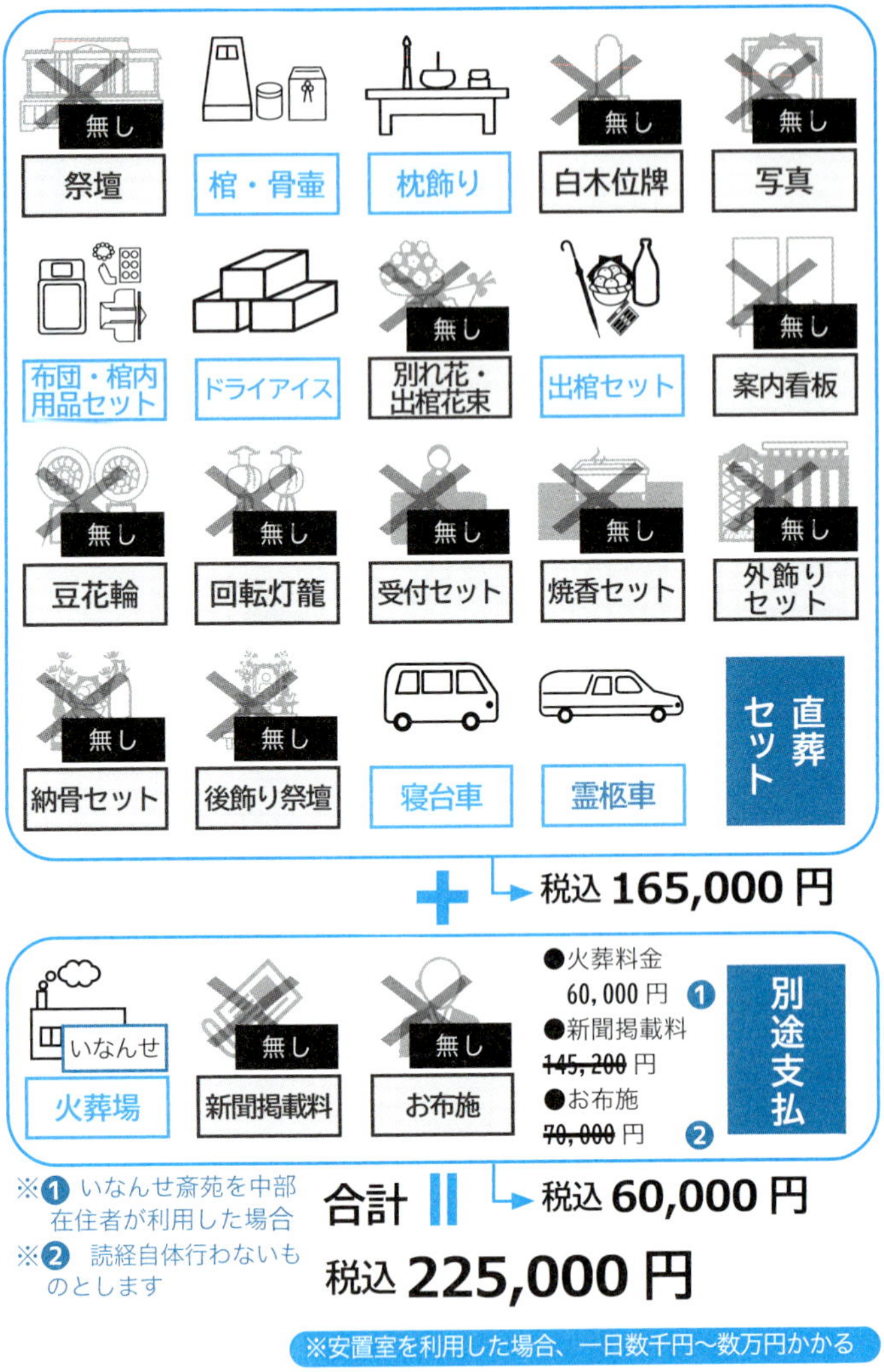

※❶ いなんせ斎苑を中部在住者が利用した場合
※❷ 読経自体行わないものとします

※葬儀社によって、通夜室にて最期のお別れを設けるプランや火葬前に読経を行うプランもありますが、この一例では対面せず、宗教儀式を伴わない火葬のみのプランとします。

04 各葬儀の比較・まとめ

Check!

●それぞれに長所・短所があるので何を重視するかによって決めましょう。

●葬儀は一度きり。後悔のないように周りともよく相談しましょう。

一般葬・家族葬・直葬の三つの葬儀プランのうち、最も経済的・体力的に負担が多いプランは一般葬といえるでしょう。特に数百名が参列するような葬儀の場合、**家族・親族に役割分担を仰《あお》いで協力してもらうことが必要不可欠《ひつようふかけつ》**です。

負担が大きい一方で、**故人を送り出す葬儀の形態としては一番充実**しており、故人と生前関わりのあった多くの方々にお別れの機会を設けることができます。

特にここ沖縄においては、年配の親族の方にも納得してもらいやすい、**一番無難《ぶなん》な葬儀のかたち**です。

まわりに経験者が多いため、**葬儀についての相談もしやすい**といえます。

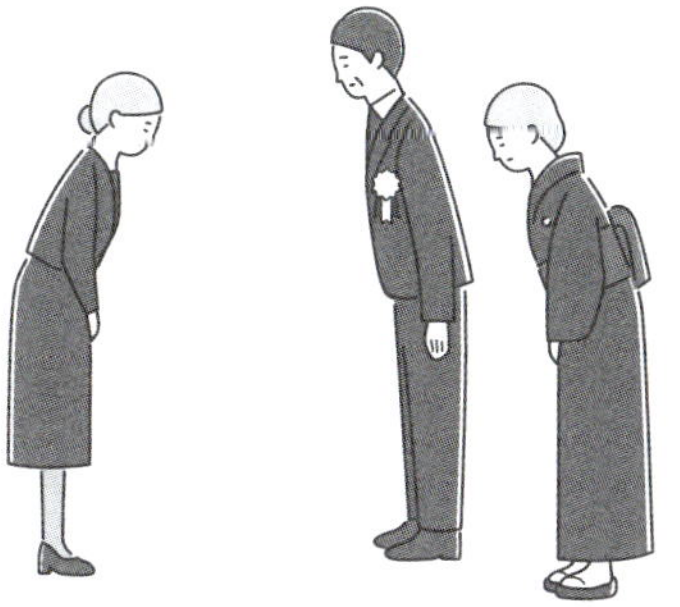

直葬はその逆で、**負担は少ないのですが故人とのお別れの儀式という意味では寂しい・物足りないと感じる方も多く、**葬儀後の後悔につながるケースもあるようです。

また、費用が抑えられているのはあくまでも最低限の葬具のみの提供《ていきょう》になっているため、足りないものを補うために**オプションを追加していくとかえって高額になるケースもある**ため、注意が必要です。

家族葬はその中間ともいえます。「家族葬」の認知度《にんちど》は年々高まってきているので、周囲に連絡する際も「**身内だけで済ませたい**」というニュアンスは伝わるでしょう。しかし**家族葬のメリット・デメリット**（38ページ～参照）でも述べたように、故人とのお別れの機会が持てなかった知人・友人の方へのフォローは必要です。

◆料金比較表（一例）

※人数は一般葬 100 名以上、家族葬は 20 名程度、直葬は数名を想定。
※トータルより香典を引いた金額が、実際の費用となります。

※税込	直葬	家族葬	一般葬
基本セット	¥165,000	¥495,000	¥495,000
返礼品 / 会葬礼状 / 施設使用料	–	¥59,400	¥242,000
火葬料金 / 新聞掲載料 / お布施	¥60,000	¥130,000	¥275,200
トータル	¥225,000	¥684,400	¥1,012,200

料金を単純に比較すると、直葬の安さが目を引きます。火葬料金以外の費用を大幅に抑えられるため、どうしても**葬儀にお金をかけられない**、そもそも**宗教的儀式が必要ない**、といった方には有用な選択肢といえるでしょう。

しかしながら、**安易に料金だけでプランを決めてしまうと、後々《のちのち》後悔や親族間のトラブルに発展しかねません。**

葬儀は故人との一度しかないお別れの儀式です。費用や葬儀の充実度《じゅうじつど》、そして周囲への理解が得られるか、など**総合的に判断してプランを決めましょう。**

可能であれば**一人で決めずに、家族や親族など複数人で葬儀社との打ち合わせに臨《のぞ》む**と、費用面だけではなく、葬儀プランをめぐる**周囲とのトラブルを未然《みぜん》に防ぐ**ことにつながります。

◆各葬儀プラン比較表

point　※1・※2　葬儀にかかる金額自体は家族葬の方が少ないのですが、香典の金額を差し引くことによって、トータルでは家族葬の方が高くなってしまうケースもあります。

	直葬	家族葬	一般葬
経済的な負担が少ない	◎	△～○ ※1	△ ※2
体力的・精神的な負担が少ない	◎	○	×
葬儀の充実度	×	○	◎
周囲の理解が得やすい	×	△	◎

05 香典返しと会葬返礼品

Check!

● **沖縄の一般葬では、会葬返礼品をもって香典返しとするのが一般的です。**

● **家族葬など少人数の葬儀では、後日香典返しを郵送するケースも増えています。**

新聞にお悔み広告を掲載し、参列者を広く受け入れる昔ながらの沖縄の一般葬では、**会葬返礼品《かいそうへんれいひん》をもって香典返しとする**のが一般的です。

会葬返礼品とは、告別式に参列していただいたお礼として参列者に渡すもので、金額は大まかにいって600円から千円ほど。**通常、タオルやお茶などの日用品が選ばれることが多い**ようです。

会葬礼状《かいそうれいじょう》とは、葬儀に参列いただいたいたことに対する感謝の礼状です。通常、お清めの塩や会葬返礼品とともに渡します。

葬儀の当日、**焼香《しょうこう》を終えた参列者に出口付近で、返礼品と礼状を紙袋に入れて渡す**のが一般的です。

予備として、予想される参列者数よりも余裕を持った数を用意しましょう。**通常、余った未使用の返礼品は返品可能としている葬儀社・業者がほとんど**のようです。

沖縄ではもともと香典自体の相場が全国に比べて低かったため、前述したように香典返しを会葬返礼品とは別に送る必要性がありませんでした。

しかしながら、近年家族葬のような少人数で参列する形式の葬儀においては、**香典の金額も上がってきている**ようです。そのため単に返礼品を渡すだけでは金額的に見ても不釣り合いなこともあり、後日別途《べっと》**香典返しを郵送する**パターンも増えています。

香典の金額としては五千円程度を目安に、それ以上の金額をいただいた場合は別途香典返しを郵送、もしくは手渡しするのが無難でしょう。

香典返しの金額・郵送する時機については家族葬プランの特徴（37〜38ページ）を参照してください。

◆香典返しフロー

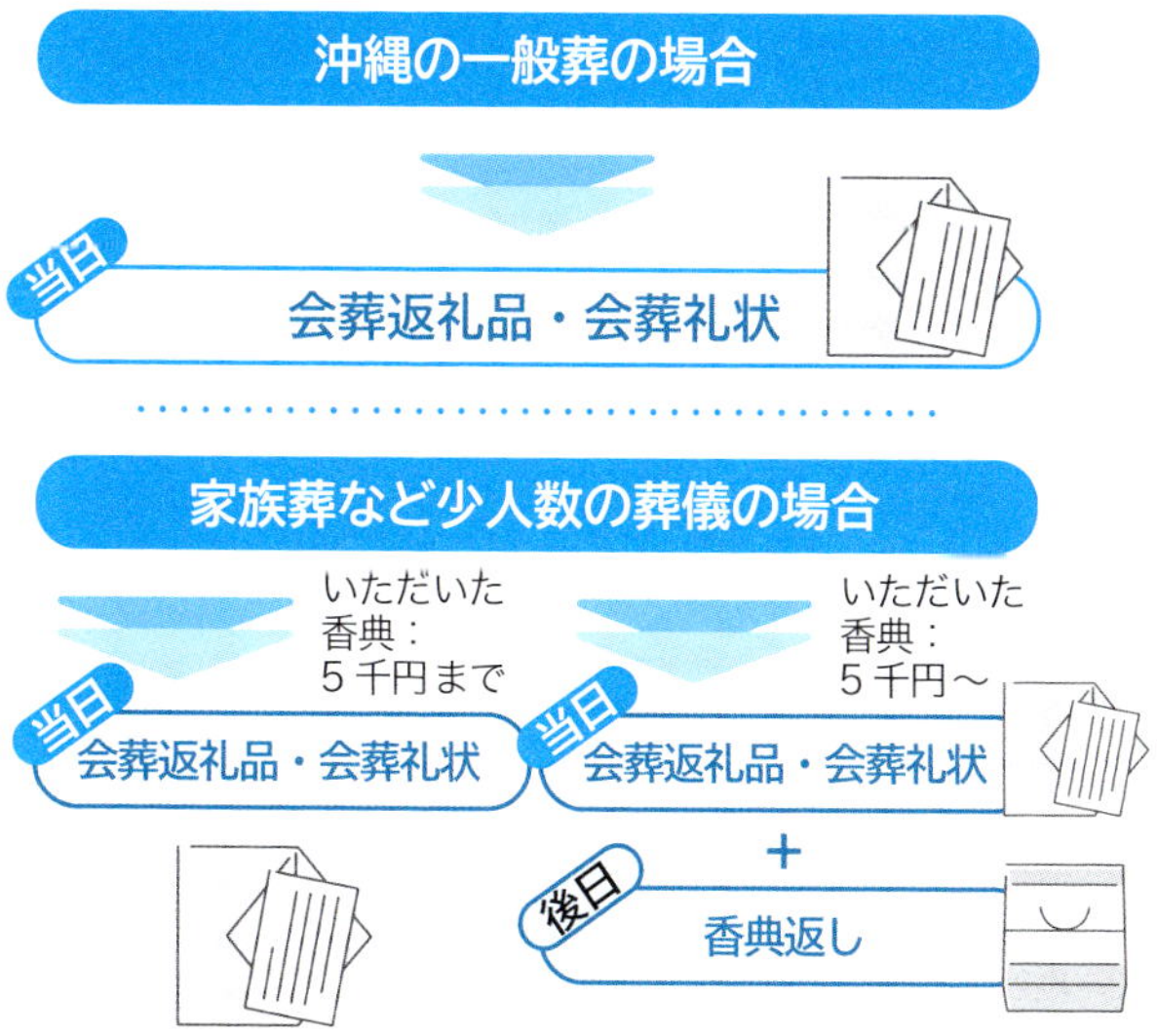

06 僧侶へのお布施

Check!

- **金額について迷う場合は親族や葬儀スタッフに相談してみましょう。**
- **厚手の白封筒に入れ、切手盆に入れて渡します。**

葬式やその後に行う一連の法要では僧侶を招いて読経供養《どきょうくよう》を行いますが、一般的にお布施はそれに対する「**お礼や感謝の気持ち**」を金銭の形に変えて渡します。

元々お布施は「報酬や対価として支払う」といった性質のものではなく、仏教において**財施《ざいせ》（布施行、施しの行）という徳行の一種、いわば修行にあたるもの**です。ですから本来は決まった金額というものはありませんが、暗黙《あんもく》の了解としておおよその相場《そうば》というものは存在します。

沖縄においては、葬儀では**5万円～8万円程度**を渡すのが大体の目安といえます。金額について迷う場合は、葬儀スタッフに相談してみるとよいでしょう。

僧侶に直接聞くこともできますが、前述したような理由から「料金はいくらですか？」といったあからさまな聞き方は失礼にあたります。僧侶に対し、お布施などの金額について相談する際は「**皆**

さまはどれくらい包まれているでしょうか？」などとやわらかな表現を心がけるとよいでしょう。

お布施の渡し方やマナーについては、沖縄は比較的寛容《かんよう》な土地柄ですので、あまり細かなことを気にする必要は無いかと思われます。

しかし初めて喪主《もしゅ》を務める際などは勝手が分からないため、まずはきちんとした作法でお布施を渡してみるのも良いかも知れません。

【お布施の渡し方】

お布施は厚手の白封筒に入れ、**切手盆《きってぼん》**に載せて渡します。切手盆は仏具店《ぶつぐてん》・大型の雑貨店などで購入できます（販売していない場合もあるので、あらかじめ問い合わせて買いに行くのがベターです）。

通販でも購入できますが、切手盆が無い場合は**袱紗（ふくさ）**をお盆の代わりに見立て、お布施を上に乗せて渡すこともできます。

封筒の表には「**御布施《おふせ》**」の文字と氏名、裏には住所と金額を書きます。100均などで「御布施」の文字があらかじめ印字された袋も販売されていますので、そちらを使用してもよいです。

お布施を渡すタイミングとしては**法要の前、もしくは後に、簡易《かんい》な挨拶とともに渡す**のがよいでしょう。渡し方などについて分からないことがあれば、葬儀スタッフに相談してみましょう。

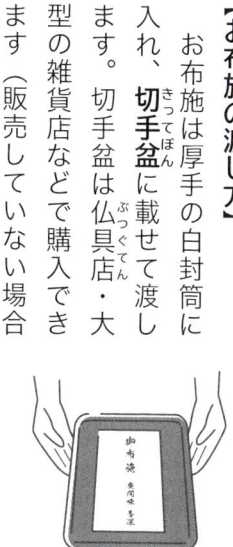

07 茶毘《だび》広告（お悔み広告）

Check!

●地元の新聞紙二紙に掲載するものと、ネット上での茶毘広告があります。

●一般葬で多くの人に参列してもらうために活用します。

沖縄の一般葬では、**地元の新聞紙に葬儀の案内を掲載《けいさい》する**習慣があります。

地元の新聞紙、つまり**琉球新報と沖縄タイムス**の二紙には、この茶毘広告《だびこうこく》専門の欄が設けられていて、そこには毎日亡くなった方の名前と葬儀の情報が並んでいます。

これは**故人の訃報《ふほう》を知人・友人に向けて広く知らせる**とともに、告別式の場所や時間など、**葬儀の具体的な情報を一人ひとりではなく、一度に大勢に向けて発信する**手段でもあります。

これは参列者の人数が多い、**沖縄の一般葬ならではの習慣**といえるでしょう。そしてもちろん、広告と形容されるものですから有料です。**料金は掲載する人数（配偶者、子ども、孫など）によって変動**し、二紙ともに同じ料金です。

1～8人までが一番安く、そのあとは人数に応じて料金が上がっていきます。**40人を超えるような極端に多い人数でない限り、おおよそ15万円以**

内には落ちつくイメージです。

ただし、二紙に掲載する必要があるため、**費用はこの二倍となる**ことに注意しましょう。

新聞での案内の他に、**ネット上での荼毘広告（お悔《くや》み情報）サービス**もあります。

内容としては新聞とほぼ変わりませんが、新聞と比べると出稿料金は抑えられます。予算が限られている場合などには便利ですが、新聞と違って**お年寄りや年配《ねんぱい》の方の中には、ネットで葬儀情報をチェックするのが難しい場合もある**でしょう。

単独での使用よりは、**新聞の荼毘広告《だびこうこく》を補助するような目的で使用**する方が、より多くの人に訃報を伝えるのに適しています。

荼毘広告によって効率的にたくさんの方に訃報を届けるためには、**訃報を伝えたい対象によって併用や使い分けをする**ことが必要です。

◆新聞紙の荼毘広告（例）

父 むぎ社《むぎしゃ》 太郎《たろう》 儀 （99歳）

自宅＝中城村南上原

八月一日午後八時十一分天寿を全うし永眠致しました 生前の御厚誼を感謝し謹んでお知らせ致します

告別式は左記の通り執り行います

一、日時 八月三日（木）午後一時半から二時

一、場所 コープ葬祭ひやごんホール

沖縄市比屋根七丁目十四番地七号☎932・3336

七十七忌の儀は繰り上げ法要として初七日の八月十一日（金）に四十九日と併せて執り行いますのでご了承ください

令和六年八月三日

喪主妻 むぎ社 花子	二女 むぎ社 桜子	曾孫代表
長男 むぎ社 次郎	婿 むぎ社二平太	むぎ社康男
嫁 むぎ社 月子	三女 座間味 菊子	他六名
二男 むぎ社 三郎	孫代表	義妹 金城花美
嫁 むぎ社 雪子	むぎ社 義男	義弟 比嘉武男
長女 むぎ社 梅子	むぎ社 照男	親戚代表
婿 むぎ社一平太	他七名	内間道夫

08 遺体の安置・火葬料金

Check!

- **遺体の安置日数が増えると費用がかかります。**
- **火葬場は地域住民とそれ以外で料金が異なる場合がほとんどです。**

◆遺体の安置・ドライアイス

遺体は亡くなってから24時間以内は火葬することができません。火葬するまでの間はどこかに安置しなければなりません。

従来の沖縄では、自宅に安置して通夜を行い、火葬することが大半でしたが、近年では集合住宅も増え、自宅での安置が難しい場合もあります。

そういった場合には**葬儀社が自社で保有している安置所《あんちじょ》か、専門の安置施設《あんちしせつ》を利用する**ことになります。料金は数千円から数万円ほど（葬儀プランに含まれる場合もあります）。火葬場が混雑しているなどの事情があり、**延泊《えんぱく》する場合はさらに料金がかかります。遺体との面談ができない施設もあります**ので、利用する際は注意が必要です。

一方、自宅で安置《あんち》する場合も日数が増えると、ドライアイスの費用がかかります。ドライアイスは葬儀のプランに含まれている場合もありますが、

たいていが一日か二日分であり、日数が増えるとその分の料金がかかります。金額にして一日あたりおおよそ5千円～1万円ほど。

二〇二二年の夏頃には火葬場がひっ迫《ぱく》し、火葬までに実に二週間待ち、遺体の安置費用《あんちひよう》で数十万円かかったケースも見受けられました。

◆火葬料金

火葬場に直接支払います。（火葬場によっては、担当者に心づけを渡す場合があります）

火葬には**二時間～三時間ほどかかります**ので、昼をはさむ場合は、昼食の用意も必要です。

また供え物、酒、線香などは葬儀社に頼めば用意してくれますが、別料金になる場合もあります。

プランの中に含まれているのか、別料金になるのかは、あらかじめ確認しておきましょう。

火葬場は、**地域住民《ちいきじゅうみん》（同市町村内）と他の地域住民で料金が分けられていることが多く、**地元の火葬場が混雑している際などに他地域の火葬場を利用すると、**料金が高額になるケースがある**ので、注意が必要です。

また、火葬する遺体が子どもである場合、年齢によっては料金が変わります。

ほとんどの場合が12歳以上かそれ未満で設定されていますが、火葬場によってまちまちです。

次のページでは公営《こうえい》の**火葬場と料金の一覧**を掲載しています。

◆火葬場と火葬料金

名称	火葬料金
うるま斎苑（公営） 所在地：うるま市	（市内）47,000円　（市外）54,000円
石川斎苑（公営） 所在地：うるま市	（市内）50,000円　（市外）60,000円
いなんせ斎苑 （那覇・浦添・南部広域市町村圏内） 所在地：浦添市	12歳以上（関係市町内）25,000円 （その他圏内）60,000円　（南部広域圏外）80,000円 12歳未満（関係市町内）15,000円 （その他圏内）30,000円（南部広域圏外）40,000円 ※関係市町ー糸満市、豊見城市、南城市、南風原町、八重瀬町、与那原町 ※その他圏内ー那覇市、浦添市、久米島町、粟国村、渡名喜村、座間味村、渡嘉敷村、南大東村、北大東村
南斎場（南部広域市町村圏内） 所在地：豊見城市	12歳以上（関係市町内）35,000円 （その他圏内）60,000円（南部広域圏外）80,000円 12歳未満（関係市町内）20,000円 （その他圏内）30,000円（南部広域圏外）40,000円 ※関係市町ー糸満市、豊見城市、南城市、南風原町、八重瀬町、与那原町 ※その他圏内ー那覇市、浦添市、久米島町、粟国村、渡名喜村、座間味村、渡嘉敷村、南大東村、北大東村
久米島斎場（町営） 所在地：久米島町	12歳以上（町内）12,000円　（町外）24,000円 12歳未満（町内）10,000円　（町外）20,000円
宮古島市斎苑（市営） 所在地：宮古島市	12歳以上（市内）23,000円　（市外）50,000円 12歳未満（市内）15,000円　（市外）25,000円
石垣市火葬場やすらぎの杜いしがき斎場（市営） 所在地：石垣市	12歳以上（市内）23,000円　（市外八重山）35,000円 （その他）50,000円 12歳未満（市内）15,000円　（市外八重山）23,000円 （その他）40,000円

※令和６年現在。価格は変動することがあります。

名称	火葬料金
国頭葬祭場緑霊苑（村営） 所在地：国頭村	12歳以上（村内）15,000円　（村外）20,000円 12歳未満（村内）10,000円　（村外）15,000円
大宜味村火葬場（村営） 所在地：大宜味村	16歳以上（村内）15,000円　（村外）30,000円 16歳未満（村内）10,000円　（村外）15,000円
今帰仁村葬斎場（村営） 所在地：今帰仁村	12歳以上（村内）20,000円　（村外）50,000円 12歳未満（村内）14,000円　（村外）35,000円
本部町葬祭場（町営） 所在地：本部町	12歳以上（町内）15,000円　（町外）50,000円 12歳未満（町内）10,000円　（町外）30,000円 ※別途手数料250円
名護市葬祭場（市営） 所在地：名護市	12歳以上（市内）13,000円　（市外北部）32,000円　（市外北部外）50,000円 12歳未満（市内）9,000円　（市外北部）22,000円（市外北部外）40,000円
伊江村立聖苑（村営） 所在地：伊江村	12歳以上（村内）16,000円　（村外）32,000円 12歳未満（村内）11,000円　（村外）22,000円
伊平屋村火葬場（村営） 所在地：伊平屋村	12歳以上（村内）15,000円 12歳未満（村内）12,000円
伊是名村斎苑（村営） 所在地：伊是名村	12歳以上（村内）15,000円 12歳未満（村内）12,000円 ※別途手数料250円
金武町火葬場（町営） 所在地：金武町	8歳以上（町内）10,000円　（町外）20,000円 8歳未満（町内）6,000円　（町外）12,000円 ※金武町・宜野座村共用
よみたん斎苑（村営） 所在地：読谷村	12歳以上（村内）15,000円　（域内）45,000円　（域外）50,000円 12歳未満（村内）10,000円　（域内）25,000円　（域外）30,000円 ※域内一嘉手納町・北谷町

第3章 通夜から葬儀・告別式・納骨まで

01 通夜（ユートゥジ）

Check!

- 本来は夜を徹して故人につきそい、最期の時を過ごすためのものです。
- 弔問客へのふるまいは、遺族側で用意しましょう。

沖縄では、ひと昔前までは**亡くなった日に葬式ができないときや、その日が友引《ともびき》にあたったときなどに通夜《つや》をおこなっていました。**

しかし火葬がおこなわれるようになり、死後24時間たたなければ火葬ができなくなりました。亡くなった日に葬式はできなくなったのです。それ以後、沖縄でもふつうに通夜が営《いとな》まれるようになりました。

通夜のことを**ユートゥジ**（夜伽《よとぎ》）というように、死者のそばで夜通《よどお》しつきそい、見守ってあげていたのです。亡くなった者のそばで身内の女性がそい寝をし、男は酒を酌《く》みかわしながらユーウキ（徹夜）することもほとんど見られなくなりました。

今でも、近親者《きんしんしゃ》や友人なども参加しますが、ほとんどの場合、12時ごろまでには終わるのが一般的になっているようです。それでも、灯明《とうみょう》（ローソク）や線香の火をたやさないように、**遺族《いぞく》が交代で夜通し見守ること**はおこなわれています。

◆僧侶による読経

以　前の沖縄では、通夜《つや》の席に僧侶を招くことはあまりありませんでした。ところが最近では、**僧侶を招いて読経をあげてもらう**ケースがふえてきているようです。

お坊さんの読経（30分〜40分）が終ると、まずはじめにお坊さんの焼香《しょうこう》があり、つづいて喪主《もしゅ》、遺族《いぞく》、近親者の順に祭だんの前に進み出て焼香します。

お坊さんの焼香がない場合は、女性は遺体《いたい》の安置されている枕元で手を合わせ二番座に、男性は一番座に座るしきたりとなっているようです。

◆ふるまい

通　夜の弔問客《ちょうもんきゃく》のふるまい（おもてなし）は、**遺族側で用意しなければなりません。**

通夜のふるまい料理を出す場合もありますが、軽食と飲み物が一般的になっているようです。オードブルを出すケースも増えてきたようです。

古いしきたり

通夜が営まれる場合は、沖縄では蚊帳《かや》あるいは幕を死者をかこむようにつるしました。女性たちはその中に入って、死者をとりかこんで焼香しました。

また、蚊帳をつるときは魂が出入りできるように、すその方を切り取っておく地域もありました。

02 出棺

Check!

- **故人と縁の深い順に最後の対面をします。**
- **遺体は足の方を先にして霊柩車に運び入れます。**

お坊さんの読経《どきょう》のあとに全員が焼香《しょうこう》します。それが終わると遺族・近親者・友人など故人と縁の深い順に**最後の対面がおこなわれます。**

◆別れの花

祭だんのまわりに供えられた花を一輪一輪棺《ひつぎ》の中に入れ、遺体のまわりを花で飾ります。

これが「**別れの花**」です。故人の姿を見るのは最後になりますので、**まわりに遠慮《えんりょ》せずに別れを惜しんでください。**このとき納棺《のうかん》のときに入れ忘れた故人の愛用品などがあれば、ここでおさめましょう。

◆棺を運び出す

棺は、遺族《いぞく》・近親者などで霊柩車《れいきゅうしゃ》まで運びます。その際に**遺体《いたい》の足の方を先にして運び**

出します。

喪主《もしゅ》が白木の位牌（シルイフェー）を持って先頭に立ち、喪主につぐ遺族が遺影《いえい》を持ってつづき、棺を先導します。

❶喪主

シルイフェーを持って先頭に立ちます。

❷喪主につぐ遺族

遺影を持って喪主につづきます。

❸遺族・近親者

遺体の足を先にして運び出します。

◆後飾りを用意する

出棺したら、枕飾《まくらかざ》りを片づけて後飾りにします。花・灯明（ローソク）・ウコール・果物などをおそなえし、遺影やシルイフェー（白位牌）を49日まで安置します。

古いしきたり

遺体をおさめる棺《ひつぎ》のことを「クワンチェーバク」といいます。今となっては死語となったことばの一つといえましょう。

その名の示すとおり、沖縄では「棺桶《かんおけ》」ではなく「棺箱《かんばこ》」だったのです。その中に少し膝頭《ひざがしら》を立てて遺体をおさめていました。

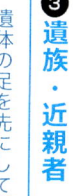

03 火葬場での納めの式と骨あげ

Check!

●火葬場での手続きは葬儀社に代行してもらいましょう。

●骨あげは、あの世への橋（箸《はし》）渡しをするための儀式といわれています。

火葬場についたら、まず始めに係の人に**「火葬許可証《かそうきょかしょう》」**を出します。これがないと火葬はできません。通常、この手続きは葬儀社が代行してくれますので、あらかじめ「火葬許可証」を葬儀社の人に渡しておきましょう。

棺《ひつぎ》を霊柩車《れいきゅうしゃ》からおろし、炉の前に安置します。祭だん用の小さな机（火葬場が用意）に持って来た位牌《いはい》（シルイフェー）、遺影《いえい》を飾ります。祭だんの前で、お坊さんの読経《どきょう》・焼香《しょうこう》につづいて喪主《もしゅ》、遺族《いぞく》、近親者、会葬者《かいそうしゃ》の順に焼香《しょうこう》します。棺の小窓を開けて故人と最後の対面をし、納めの式が終わります。棺は炉におさめられます。

◆火葬時間

火葬には**2〜3時間（火葬場によりちがいます）かかります。**その間、遺族は控え室で休みます。昼をはさむときは昼食の用意が必要な場合もあります。

◆骨あげ

火葬の済んだお骨を、遺骨台《いこつだい》から骨つぼにおさめます。これを「**骨《こつ》あげ**」（収骨・拾骨）といいます。

骨あげは竹の箸を使って二人一組でおこないます。二人がそれぞれに箸を持って一つのお骨をひろい、骨つぼにおさめます。

骨は足の方から腕、腰、肋骨《ろっこつ》、歯の順にひろいあげ、最後にのど仏をまん中にのせて、頭骨《とうこつ》をかぶせます。

ひろいあげる順序は、喪主から遺族、近親者へとつづきます。骨あげが終わると、火葬場の係の人が「**埋葬許可証《まいそうきょかしょう》**」を渡してくれます。これがないと埋葬納骨ができません。

※地域や宗派によって多少の違いがあります。

火葬場の係の人には「**心《こころ》づけ**」を渡す習慣がありましたが、近年ではそもそもセット・プラン料金に含まれていたり、公営の火葬場などでは**謝礼の受け取り自体を禁止している所もあります。**不明な場合には葬儀スタッフに相談してみましょう。

古いしきたり

人の死を確認するのに伝統的な方法が最近まで残っていました。もっとも象徴的なものが「脈のとり方」でした。死に際になると脈拍《みゃくはく》がどんどん腕の方にあがっていき、その後弱くなっていくとダメだとみなされたのです。そのほかに、大きなため息をつくとか、涙を落とすとダメだとされていました。

④ 葬儀と告別式

Check!

●葬儀＝故人をあの世へ送り成仏を祈る儀式です。

●告別式＝一般会葬者が故人とお別れをする儀式です。

◆葬儀のすすめ方

❶ 席に着く

喪主《もしゅ》、遺族《いぞく》、近親者など葬儀に出席する人は、式のはじまる10分前には席に着きます。この場合は祭だんにむかって座ります。棺の小窓を開けて故人と最後の対面をし、納めの式が終わります。棺は炉におさめられます。

❷ お坊さんの入場

お坊さんが入場してきたら、一礼《いちれい》してむかえ、お坊さんが祭だんの前に着席した後に

◀・・・・・・・葬儀

着席します。イスの場合は、起立《きりつ》してお坊さんに一礼、座敷の場合は座ったまま一礼します。

❸ 司会者による開式のことば

❹ 読経

お坊さんの読経により葬儀《そうぎ》が始まります。通常30～40分ほど。

❺ 弔辞朗読・弔電披露

弔電は前もって遺族《いぞく》が選んだものを披露します。

❻ 焼香

お坊さんが焼香し、その後にふたたび読経がはじまります。お坊さんの合図により喪主《もしゅ》、遺族、近親者の順で焼香します。

◀・・・・・・・・葬儀

❼ 喪主のあいさつ

会葬《かいそう》のお礼のことばをのべます。

❽ 司会者の閉式のことば

※葬儀《そうぎ》の後、いったん休憩をはさむ場合は、お坊さんは退場します。ひきつづき告別式に移るときは、お坊さんは退場しません。座敷の場合は座ったまま一礼します。

◆告別式のすすめ方

◀・・・・・告別式

❶ 席に着く

ふたたび式場に着席しますが、このときは遺族《いぞく》は一般会葬者《かいそうしゃ》の方にむいて座ります。

❷ お坊さんの入場と閉会のことば

お坊さんがふたたび入場し席に着いた後、司会者が開会のあいさつをします。

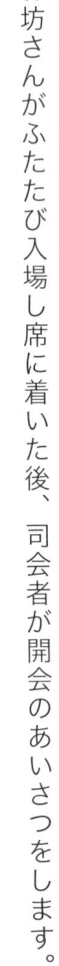

スーコー

◀・・・・告別式

3 読経

お坊さんの読経がはじまると、一般会葬者《かいそうしゃ》は祭だんの前に設置された焼香《しょうこう》台で焼香します。

4 司会の閉式のあいさつ

閉式のことばをのべて、告別式は終わります。

抹香《まっこう》をウコールにくべる回数は、宗派やお寺によってちがいます。天台宗や真言宗は三回、臨済宗や曹洞宗は二回、浄土宗は決まりはありません。沖縄では宗派に関係なく三回が多いようです。

古いしきたり

野《の》辺《べ》送《おく》りは、引き潮に合わせてやるのがふつうでした。人が死ぬということは、潮が引いていくようにあの世に行くものだとする考えから出たものだとされています。都合によって引き潮に合わないときは、引き潮を待って野辺送りをしました。

05 納骨

Check!

●納骨には昔ながらのしきたりがあります。

●墓口を開けるのは「相」の合った人がおこないます。

沖

縄では、**葬儀《そうぎ》・告別式をすませた日に納骨がおこなわれるのが一般的**です。

喪主《もしゅ》が遺骨を抱き、シルイフェー（白位牌）は親が亡くなったときは長男が、子どもが亡くなったときは親が持ち、天蓋《てんがい》（黒い傘《かさ》）をさしてお墓にむかいます。いわゆる**野辺送《のべおく》り**（タビ）です。

野辺送りは火葬になってすっかり様変《さまが》わりしました。集落内にあったグソーミチを旗《はた》や松明《たいまつ》を先頭にした葬列《そうれつ》が墓にむかう光景もほとんど見られなくなりました。

◆そなえるもの

- ✓酒・水・ウチャトゥ
- ✓ウチカビ・線香
- ✓もち重箱一つとおかず重箱一つ

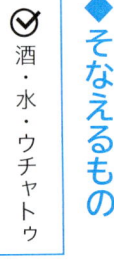

◆ヒジャイガミ（左神）への祈願

墓に着いたらまず墓地を守っている土地の神さまにそなえものをして祈願します。

墓にむかって右側を「**ヒジャイガミ**」といい、そこに土地の神さまがいると信じられているのです。

お墓ではまずはじめに「ヒジャイガミ」に祈願します。

◆墓口を開けるのは相の合った人

墓口を開けるのは、**亡くなった者の干支《えと》に合わせる必要がある**とされています。干支を合わせるということは「**相**《そう》」が合うということを意味します。ただし、地域によってかなりの違いが見られます。

名護市久志の場合

亡くなった者の干支を中心に「**フミ**（この世にひかれる干支）」と「**ハナシ**（あの世にひかれる干支）」が交互にいると考えられています。**墓口を開けるのは「フミ」にあたる人でなければいけないとされています。**亡くなった者が子《ね》年であった場合は、フミにあたる干支は寅《とら》・辰《たつ》・午《うま》・申《さる》・戌《いぬ》となります。

亡くなった者が子年であった場合、フミにあたる干支は●の者となります。
フミ＝●＝寅、辰、午、申、戌
ハナシ＝●＝丑、卯、巳、未、酉、亥

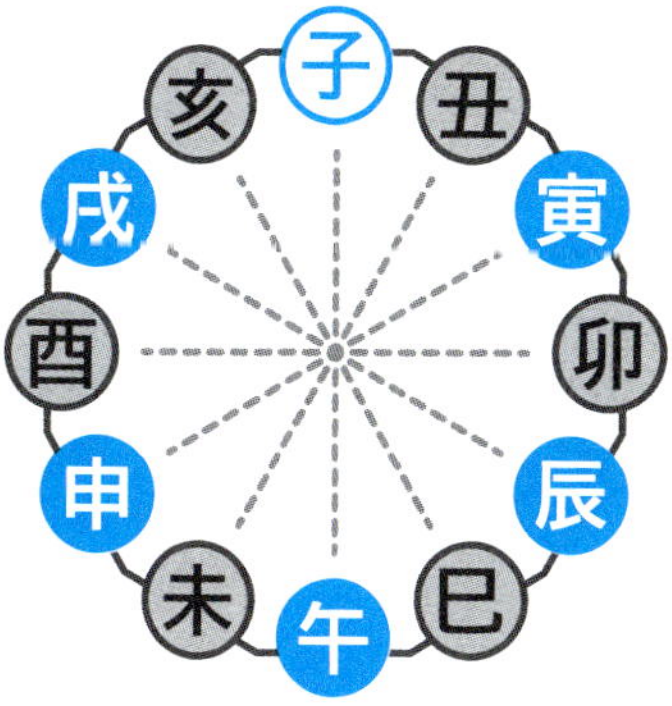

読谷村の場合

墓口を開けてもよい干支《えと》を「**ウチハナ**」といい、逆に開けてはいけない干支を「**カイクミ**」といいます。

亡くなった者が子《ね》年であった場合は、巳《み》・午《うま》・未《ひつじ》・申《さる》・酉《とり》・戌《いぬ》・亥《い》はウチハナとなり、墓口を開けてもよい。子・丑《うし》・寅《とら》・卯《う》・辰《たつ》はカイクミとなり、墓口を開けてはいけないとされています。

亡くなった者が子年であった場合、ウチハナにあたる干支は●の者となります。
ウチハナ＝●＝巳、午、未、申、酉、戌、亥
ハナシ＝●＝丑、寅、卯、辰

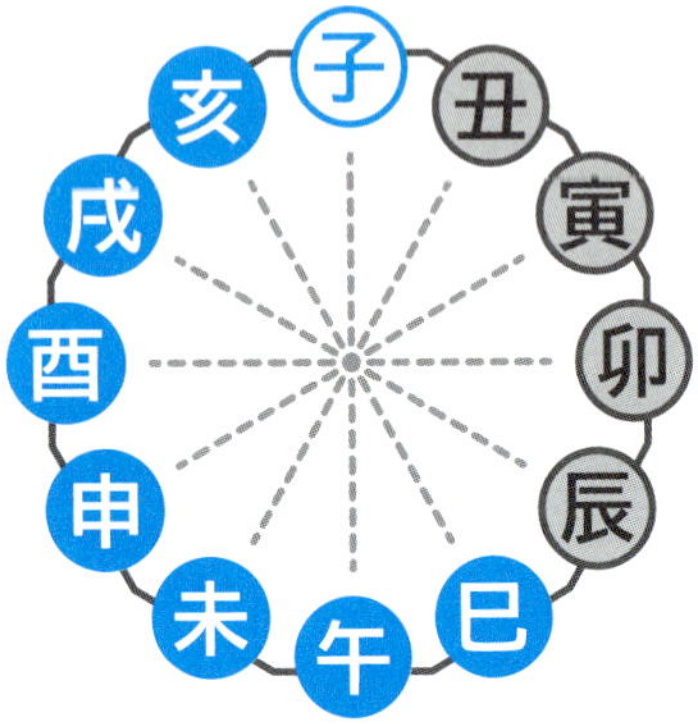

糸満市の場合

亡くなった者の干支の**真反対の干支の人が墓口を開けます。**亡くなった者が子年であった場合は、午年の人が墓口を開けることになります。

亡くなった者が子年であった場合、墓を開けてよい干支は対角線にある●の午となります。
同様に、亡くなった者が丑の場合は未、といったように正対する干支が対応します。

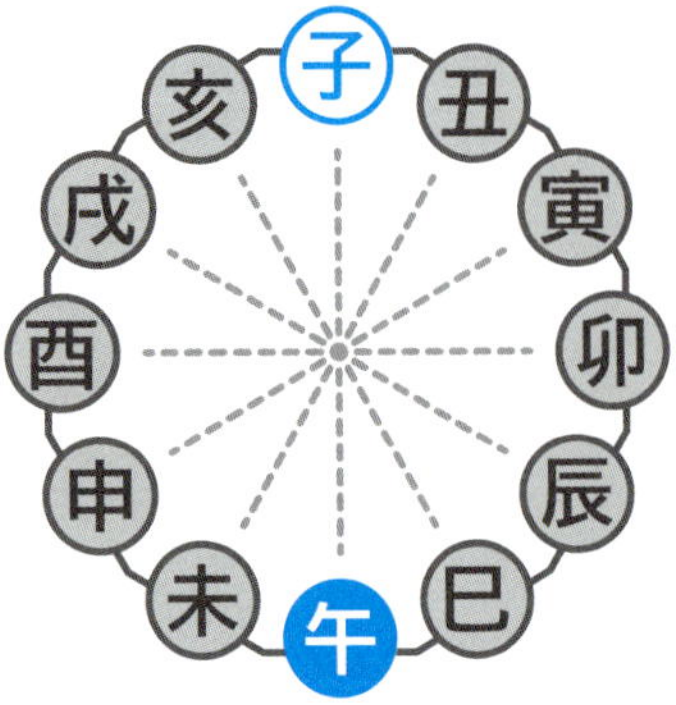

墓口を開けるのは戌年か亥年

そのほかに、墓口を開けるのは戌《いぬ》年か亥《い》年の人が良いとされている地域もあります。

いずれにしても、納骨《のうこつ》のさいのしきたりは古くから守られているようですので、詳しい人にしっかりと確かめるのが良いでしょう。

亡くなった者の干支に関わらず、墓口を開けるのは戌年か亥年の人とする地域も多くみられます。

墓口を開けてよい者＝●＝常に戌、亥

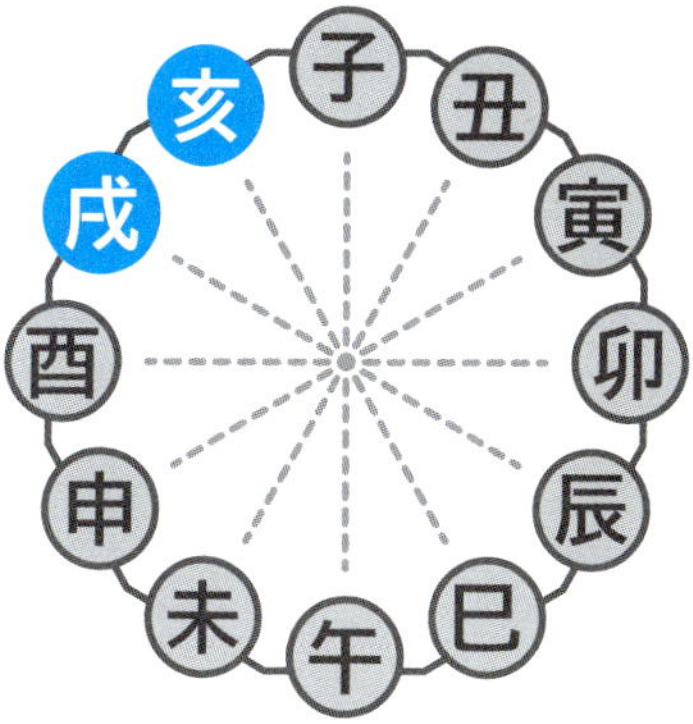

※ここでいう「相《そう》の合った人」というのは、墓口を三回たたいて開けるしぐさをするか、雑草を三回むしり取る（全島共通）だけでよいとされています。

古いしきたり

墓に行くとちゅうに、死者とシマ（村）を離別させる「シマミシー（シマミセとも）」という儀礼がありました。実際に遺体《いたい》を運ぶガンをシマの方向にむけてながめさせる儀式です。別れの酒をそなえておこなっていました。

◆お坊さんの読経《どきょう》と納骨

線 香、花、ウチャトウ、くだもの、酒などをそなえ、メージク（前卓）にシルイフエー（白位牌）を飾り、お坊さんに読経をしてもらって焼香《しょうこう》します。

遺骨《いこつ》を納めるときは、新しい死者は「**シルヒラシ**」とよばれるところ（墓の入口に面した場所）に安置するのが一般的です。シルヒラシに安置された遺骨は「**ウジョウバン**」として墓番人の役割をすると考えられています。

◆納骨がすむと

納 骨がすむと、**サン**※で祓《はら》い清めながら、後ずさりするように墓内から出ます。墓口を閉じて焼香《しょうこう》をし、祈願します。

※サン―魔よけ呪具の一つで、ススキやカヤなどの葉っぱを束ねて十字に結んだもの。

◆墓が用意されていない場合

通 常、葬儀や告別式が行われた後はお墓に納骨するわけですが、様々な事情により、お墓が用意されていない場合があります。

その場合でもシンジュウクニチ（四十九日）まで遺骨《いこつ》は**自宅で安置することが多い**ようです。

そのまま自宅で祀ることもできますが、最終的な納骨先、合祀先《ごうしさき》は決めておかなければなりません。

また、自宅の庭などに埋葬することは違法となります。

近年の沖縄では継承者《けいしょうしゃ》問題に加え、墓主が高齢となって管理が難しくなった、などの理由で**墓じまいや改葬《かいそう》を検討する方が増えています。**

前述したお墓が用意できていない場合、また墓じまいをする場合、遺骨はどこに安置すればよいのでしょうか。主なものを見てみましょう。

納骨堂

霊　霊廟《れいびょう》ともいわれます。骨壺などに納めた遺骨を収蔵する屋内施設《おくないしせつ》で、近年では**永代供養《えいたいくよう》**が附属していることが多いです。一般的には墓石や墓地スペースといったものは無く、ロッカーや仏壇型のスペースに遺骨を収蔵《しゅうぞう》します。

近代的なビルのような施設では、遺骨は機械で管理され、家族の参拝時《さんぱいじ》に参拝スペースまで自動で搬送《はんそう》されるシステムを採用している場合もあります。

ほとんどの施設において骨壷一柱あたりの金額が決まっており、施設によっては夫婦・家族分を収蔵できる場合もありますが、その分費用は増加します。

遺骨を**個別スペースに収蔵できる期間は施設によって違います。**この期間を過ぎると遺骨は合祀《ごうし》され、取り出すことが不可能になります。

施設によっては子孫が契約を更新することで個別スペースでの安置を続けることができるプランがあります。

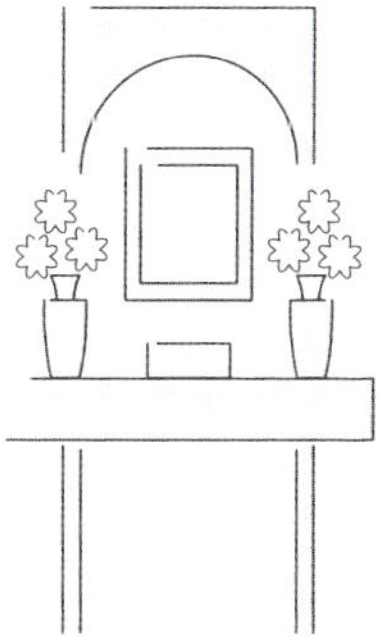

霊園

霊園とは、**管理された墓地《ぼち》**のことです。管理・運営母体《うんえいぼたい》が民営か公営かの違いがあります。他にも寺院が運営する墓地もあり、寺院にお墓を持つ家のことを「**檀家《だんか》**」と呼びます。

寺院は檀家の葬祭・供養を独占的に執り行い、檀家はお布施などで寺院を経済的に支援します。この仕組みは「**檀家制度《だんかせいど》**」と呼ばれ、もともとお寺にお墓を持つ習わしのなかった沖縄ではあまり馴染《なじ》みのないことばです。

これに対して「**霊園**」は宗教法人が運営する場合はあるものの、たいていが宗教上・国籍の縛りはありません。

公営の霊園（公営墓地とも呼ばれます）は自治体が運営しており、永代供養は附属しません。沖縄では識名霊園などが当てはまります。

安価で墓を建てられるため、非常に人気が高く、**募集がかかると応募が殺到して抽選になる**こともあります。

民営の霊園では、永代供養の附属した墓を購入し、古くなった墓や立地の悪い墓から引っ越すような事例が見受けられます。

その他にも納骨堂や合祀《ごうし》のための霊廟を併設した施設が多く、それぞれ永代供養が附属している（霊廟は合同供養）場合がほとんどですので、**継承者がいなくなった後に無縁墓《むえんばか》になる心配が無い**といえます。

民営の場合は墓地

スペースの「**永代使用料**《えいたいしようりょう》」、「**施設管理料**」、「**永代供養料**」が発生します。一般墓を建てる場合にはこれに墓石代金が加わり、改葬・墓じまいをする場合はそれに伴う解体費用、また閉眼式を行う場合はそれに伴う費用が発生します。

自然葬

自然葬とは、遺骨をお墓ではなく、海や山などの**自然に還《かえ》す葬送の方法**です。

沖縄・奄美で行われていた「**風葬**《ふうそう》」も広義には自然葬の一種ですが、結局は洗骨して厨子甕（ずしがめ）に遺骨を納めていたため、全てを自然に還すという意味では、厳密には自然葬とは違うともいえます。

現代の沖縄で主に行われている自然葬は、**樹木葬**《じゅもくそう》と**海洋散骨**《かいようさんこつ》の二種類です。

樹木葬は墓石の代わりに樹木を墓標とする自然葬で、様々なスタイルがあります。

沖縄では公園型の霊園に樹木葬の区画を設《もう》け、そこに個別の骨壷を埋めるようなタイプや、公園内の一本の樹（シンボル）のもとに合祀するようなものがメインになってきているようです。

海洋散骨は字のごとく**海に遺骨を撒《ま》いて自然に還《かえ》す**という葬送の一種です。

遺骨は散骨する前にパウダー状に砕かれます。全てを撒いてしまうことに抵抗がある場合は、一部を合祀《ごうし》して永代供養を利用したり、手元供養（自宅などで祀る）のために持ち帰ることも検討しましょう。

お墓や遺骨の扱いは人や世代によって考え方も違い、大変難しいものですが、過重な負担であったり将来に不安を抱えている場合は親族ときちんと話し合い、このような葬送を利用することもひとつの解決手段です。

06 ナーチャミー

Check!

●早い時間帯におこなう方がよいとされています。

●死後七日間はお墓参りをする地域が多いようです。

葬式の翌日のお墓参りのことを「**ナーチャミー**」といい、大切な儀式《ぎしき》として守られています。

もともとは「**グソームドゥイ**（後生戻り―死者の生き返り）」を確認するためにおこなわれたとされており、そのために翌朝の早い時間にナーチャミーはおこなわれています。

現在では、死者との別れを惜しみ見舞うという意味の方が大きいといえます。

死後七日間は、ほとんどの地域で毎日のお墓参り（死後三日間だけの地域も）は欠かさないようです。

◆そなえるもの

※線香をともしてウチカビを焚《た》くのは共通しています。

●那覇市
- 酒
- ウチャトゥ
- 水
- 重箱
- 花

●糸満市
- 酒
- 水
- 花
- 重箱（もち重箱とおかず重箱）

●国頭村
- ウチャトゥ
- 水
- 重箱
- 花

●うるま市与那城
- ウチャトゥ
- 花

●宮古島市城辺
- ウチャトゥ
- 花
- 重箱

●竹富町
- ウチャトゥ
- 水
- 花
（四十九日まで毎日そなえる）

古いしきたり

戦前まで、多くの地域で死者との「別れ遊び」という習俗が残っていました。特に若者が亡くなった場合は、仲間たちが死者を慰めるために、墓に行って死者とともに遊ぶのです。墓から棺箱を出して、そのまわりで歌い踊って遊んだそうです。

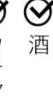

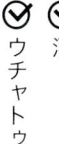

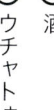

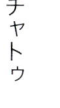

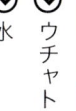

第4章 ナンカスーコー（週忌）

01 ナンカスーコーとは

Check!

- **亡くなった日から数えて七日ごとに計七回の法要があります。**
- **奇数回のスーコーを「ウフナンカ」、偶数回は「マドゥナンカ」と呼びます。**

ナンカスーコー（焼香《しょうこう》）は、仏を供養《くよう》するための法要で、**亡くなった日から数えて七日ごとの、計七回いとなまれます。**

ハチナンカ（初七日）からシンジュウクニチ（四十九日）までを「**ナンカ**（週忌）」といい、この間にいとなまれるスーコーのことを沖縄では「**ナンカスーコー**」とよんでいます。

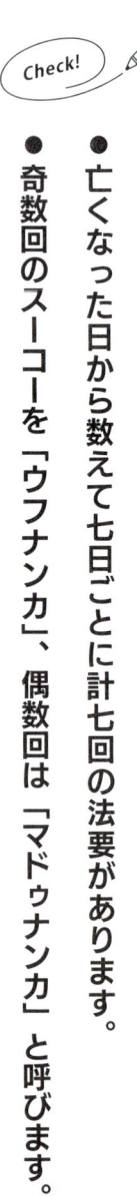

ナンカスーコーのうち、奇数回（初・三・五・七）にいとなまれるスーコーを「**ウフナンカ**」といい、偶数回（二・四・六）にいとなまれるスーコーを「**マドゥナンカ**」とよんでいます。

ウフナンカは弔問客《ちょうもんきゃく》も多く、仏前にそなえる重箱も「**チュクン**（一組）」※p87参照を用意します。特に「**ハチナンカ**」と「**シンジュウクニチ**」にはお坊さんに読経《どきょう》をあげてもらう家もふえてきたようです。

マドゥナンカは身内だけですませることがほとんどで、そなえる重箱も「カタシー※p87参照（二分の一組）」にする家が多くなります。

ナンカの間は霊は不安定で、家と墓を往《い》き来《き》する状態にあると考えられています。したがって祭る場所も家の祭だんとお墓の両方にまたがることになります。

例：10月12日に亡くなった人のナンカスーコーの日程

ハチナンカ（初七日　ウフナンカ）	10月18日
タナンカ（二・七日　マドゥナンカ）	10月25日
ミナンカ（三・七日　ウフナンカ）	11月1日
ユナンカ（四・七日　マドゥナンカ）	11月8日
イチナンカ（五・七日　ウフナンカ）	11月15日
ムナンカ（六・七日　マドゥナンカ）	11月22日
シンジュウクニチ（四十九日　ウフナンカ）	11月29日

10月

日	月	火	水	木	金	土
1	2	3	4	5	6	7
8	9	10	11	12	13	14
15	16	17	18	19	20	21
22	23	24	25	26	27	28
29	30	31				

12：命日（亡くなった日）
18：ハチナンカ
25：タナンカ

11月

日	月	火	水	木	金	土
			1	2	3	4
5	6	7	8	9	10	11
12	13	14	15	16	17	18
19	20	21	22	23	24	25
26	27	28	29	30		

1：ミナンカ
8：ユナンカ
15：イチナンカ
22：ムナンカ
29：シンジュウクニチ

重箱料理1（初七日〜十三年忌）

墓／仏壇側

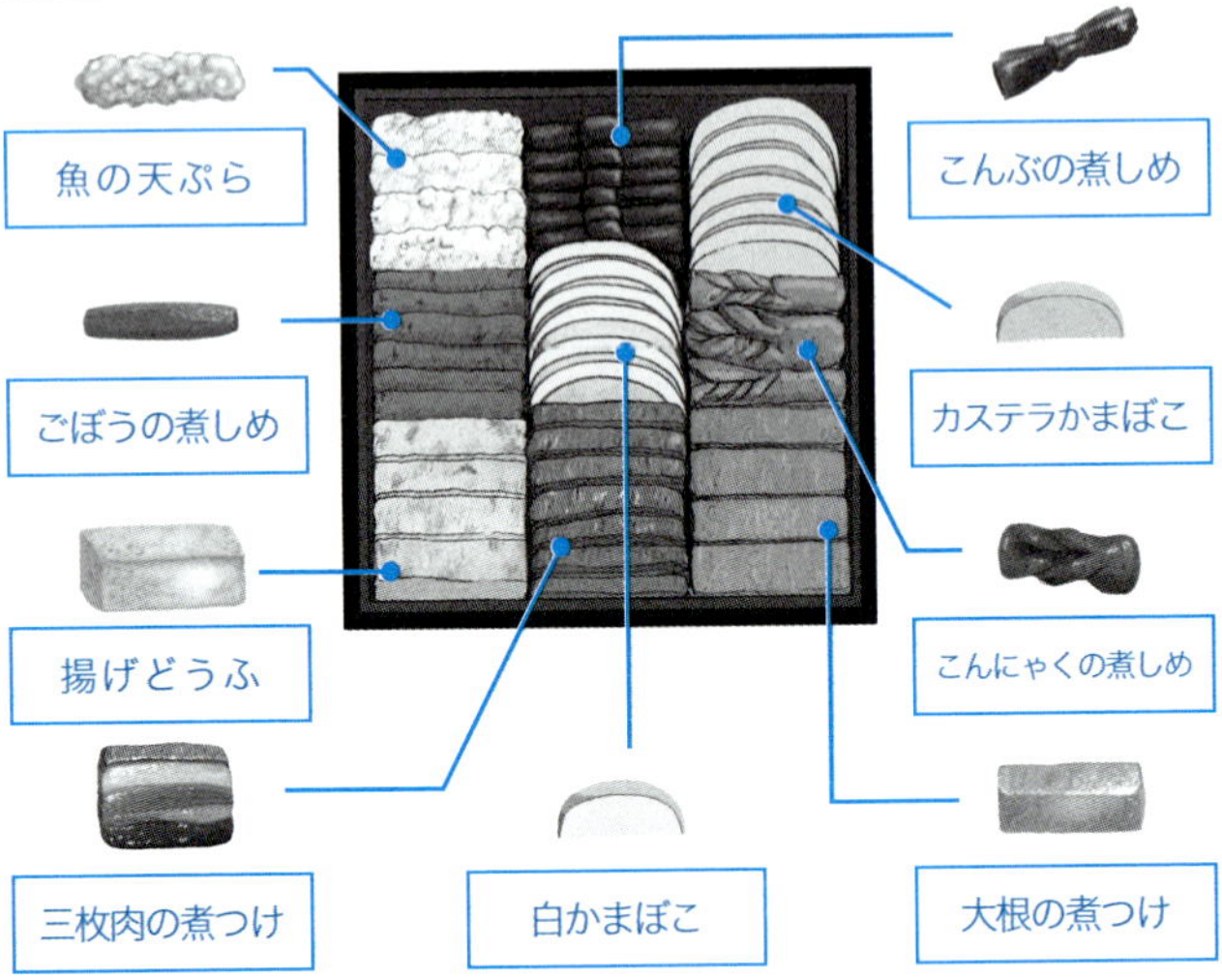

point
・三枚肉は皮部分を**上向き**にします。
・こんぶは**返しこんぶ**にします。

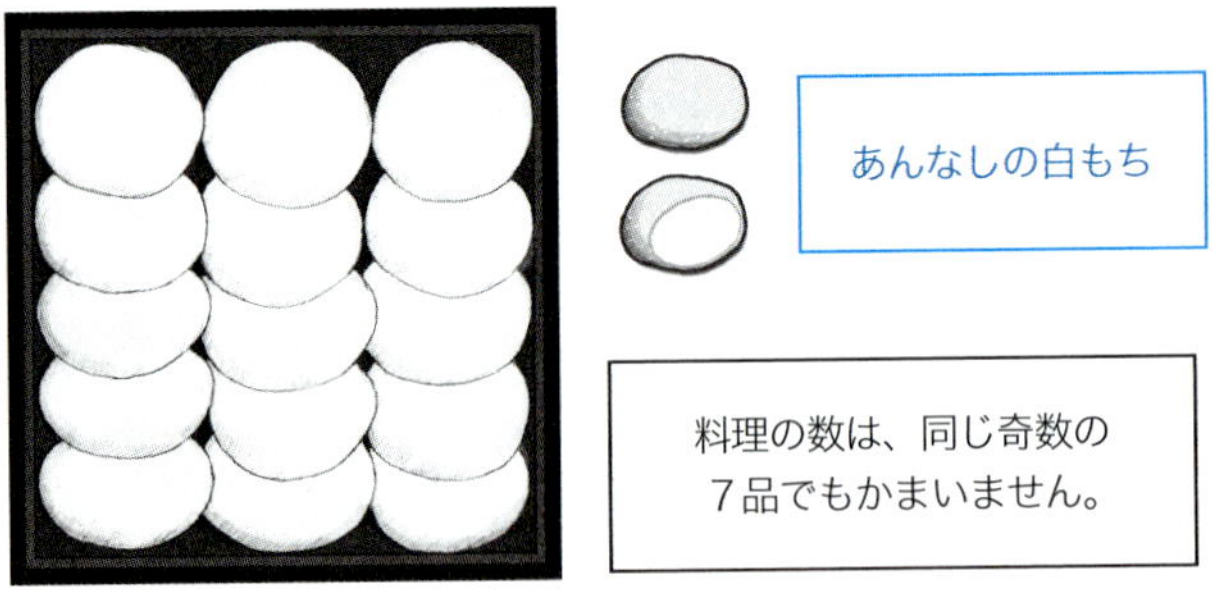

料理の数は、同じ奇数の
7品でもかまいません。

※重箱の大きさは八寸（約24cm）四方が一般的で、
それを9マスに分けて料理（9品）を詰めます。

◆ナンカスーコーとワカスーコー（イヌイ《一年忌》からジュウサンニンチ《十三年忌》）用の重箱料理です。

◆ウフスーコー（ニジュウグニンチ《二十五年忌》・サンジュウサンニンチ《三十三年忌》）用の重箱料理です。

重箱料理2（二十五年忌～三十三年忌）

墓／仏壇側

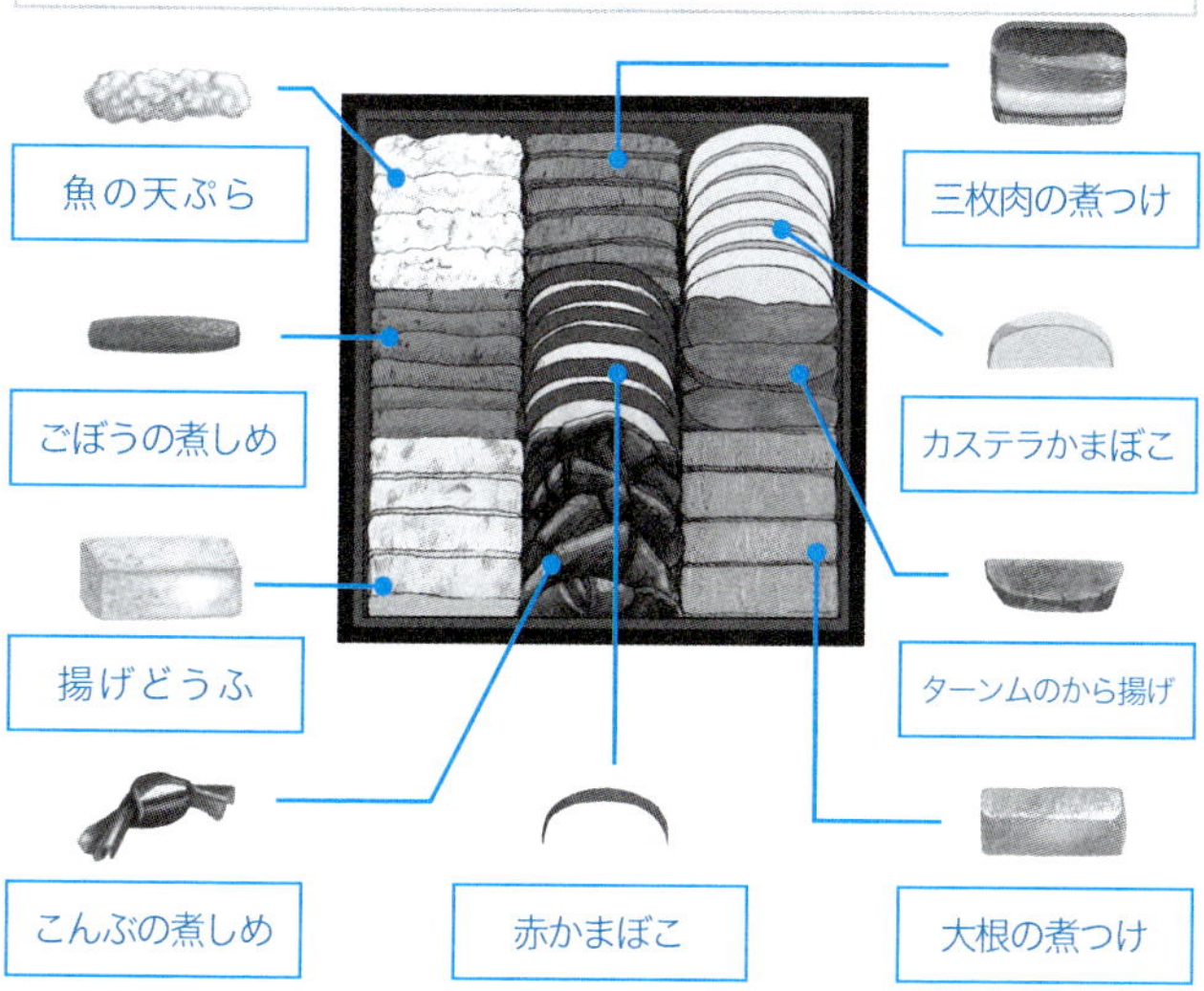

point
・三枚肉は皮部分を**下向き**にします。
・こんぶは**結びこんぶ**にします。

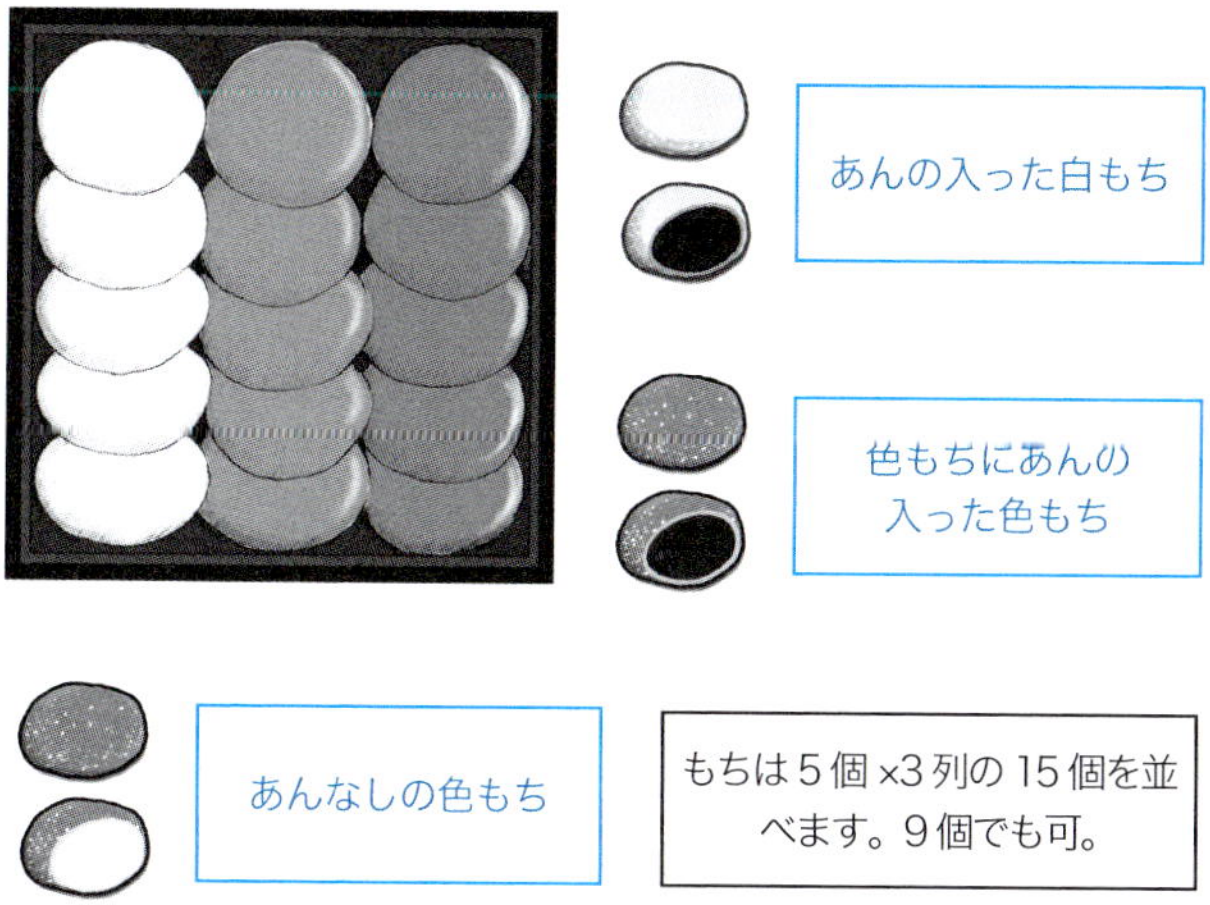

もちは5個×3列の15個を並べます。9個でも可。

02 ハチナンカ（初七日）

ウフナンカ

Check!

- **亡くなった日から数えて七日目におこなう、最初のウフナンカです。**
- **ハチナンカの翌日に祭だんはかたづけ、その後に後飾りを設置します。**

亡くなった日から数えて七日目におこなう法要で、最初のウフナンカです。家族は早朝にお墓参りを済ませ、仏前の供えものや焼香客への準備をおこないます。

重箱《じゅうばこ》は墓参りの際は二箱一組の「**カタシー**」で、仏前には四箱一組の「**チュクン**」をそなえます。（87ページ参照）僧侶を呼んでいる場合は読経をおこなってもらい、お布施を渡します。

また、ハチナンカの翌日に祭だんはかたづけ、後飾りを設置します。

近年では遺族や弔問客《ちょうもんきゃく》の負担を考え、ハチナンカからシンジュウクニチまでの週忌《しゅうき》を**繰り上げ法要**として、まとめておこなうケースも増えています。

タイミングとしては告別式の終了後、もしくはハチナンカの日に自宅などでおこなわれることが多いようです。新聞のお悔み広告などにも記載しておくと、弔問客にも分かりやすいでしょう。

◆お墓参り

朝の早い時間に家族だけでお参りします。

●用意するもの

- ウチャトゥ
- 水
- 酒
- 花
- シルカビ
- ウチカビ
- カビバーチ※1
- 線香
- 重箱※2
- ウチジヘイシ

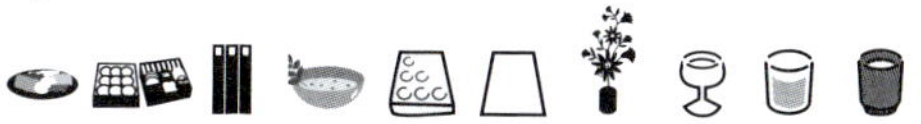

※1 火鉢。ウチカビを燃やすボウルなど。
※2 重箱をそなえない地域もあります。

白い紙に線香12本と3本を並べたものを二組、シルカビ、重箱**カタシー**をそなえ線香3本をともしてウートートゥします。そしてウチカビ（各々3枚ずつ）を**ヒジャイガミ**（墓口にむかって右側ー土地の神）の前で焚《た》きあげます。

線香3本（2分の1ヒラ）をともし、そのほかに白紙に12本と3本（2ヒラ半）を2組並べてそなえます。

※線香についてはp86を参照

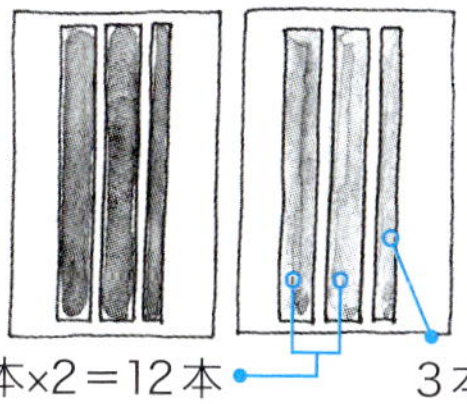

ウートートゥの終わった後で、ヒジャイガミの前でウチカビを焚きあげます。

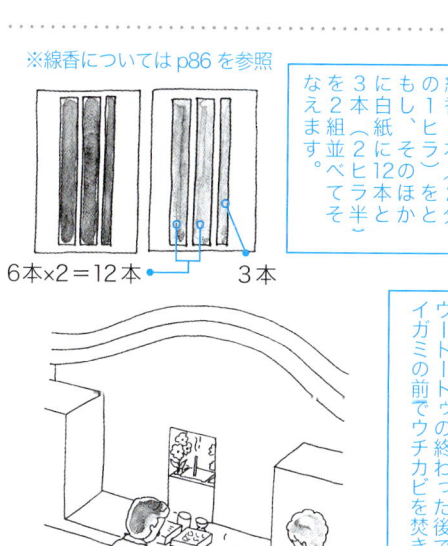

◆仏前にそなえるもの

- ウチャトゥ
- 水
- 酒
- 花
- ダーグ
- ハーガー
- 果物
- 重箱
- ムイグヮーシ
- お膳

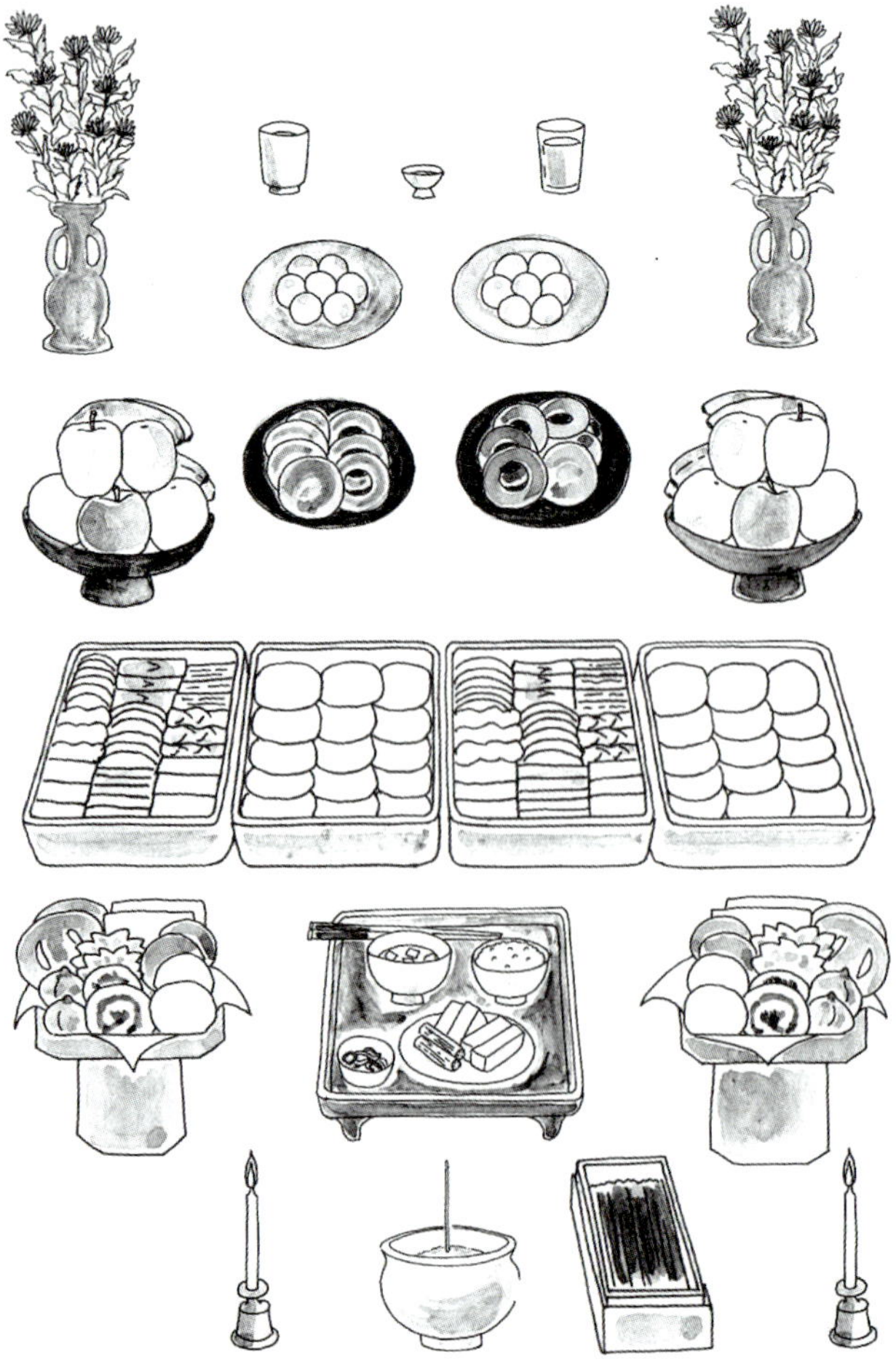

祭だんの前に白い布をかけたテーブルを用意し、その上に供物《くもつ》をおそなえします。焼香《しょうこう》用のウコールは一番手前におきます。

●重箱（チュクン）

白もち15個（5個×3）を詰めた重箱二箱とおかず9品を詰めた重箱二箱

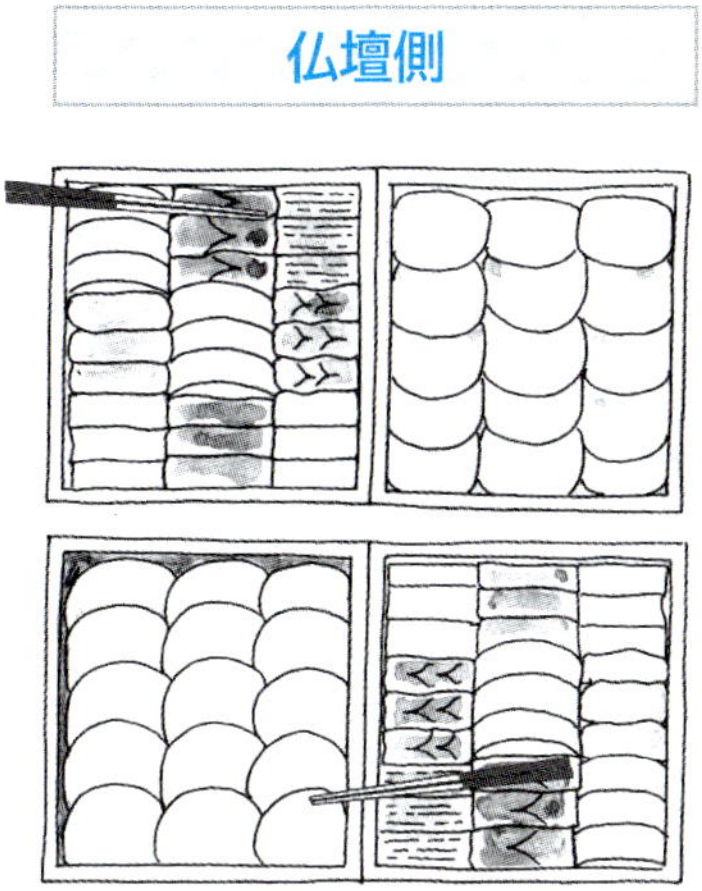

こんぶが仏の前になるようにおそなえします。

●ムイグヮーシ（七種類の菓子を盛ったもの）二皿

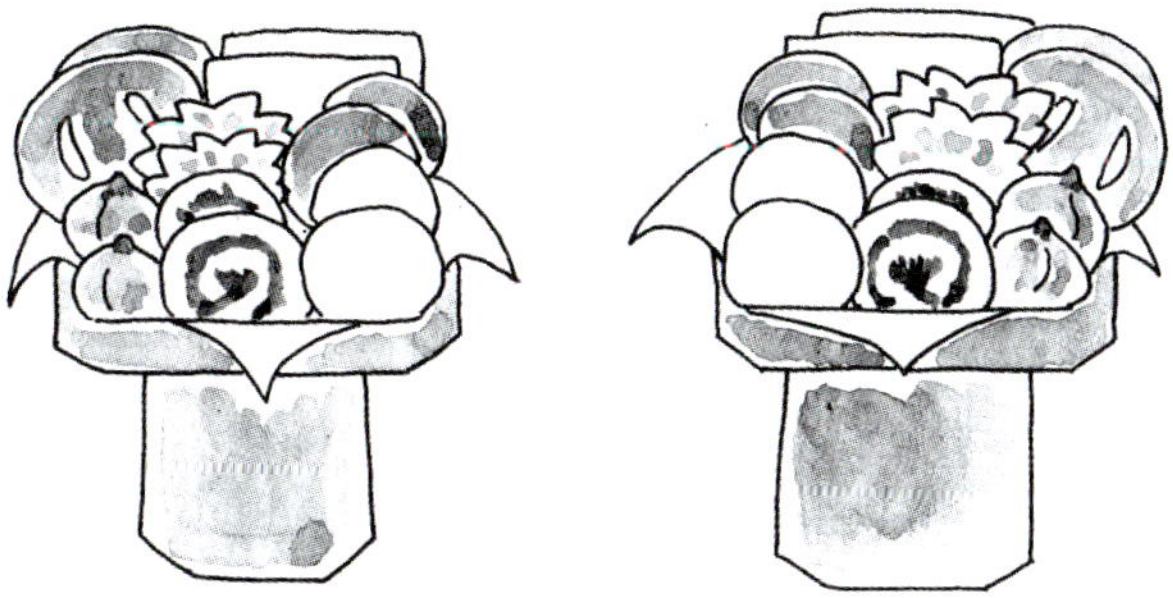

・クシチグヮーシ（板状のらくがん）・ボタンコー（らくがん）・ムムグヮーシ（桃菓子）・ハナボール・マキガン・コンペン・白まんじゅう

●果物（盛り合わせ）二皿

故人の好きだったものを中心に季節のくだものをおそなえしましょう。

ダーグとハーガー

ダーグ＝だんごを七個盛ったもの

ハーガー＝二種類の菓子七個を盛ったもの

ハーガーに盛る二種類の菓子

ミーフガーグヮーシ＝丸い形の焼き菓子

ヒーグヮーシ＝ドーナツ状の焼き菓子

●ハーガー二皿とダーグ二皿

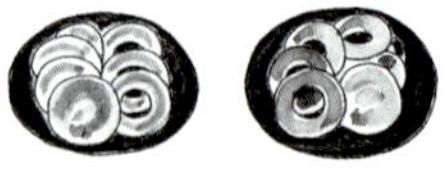

ミーフガーグヮーシ7個とヒーグヮーシ7個を2皿に分けて盛ります。

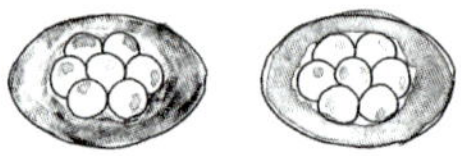

ダーグは1皿に7個ずつ盛ります。

古いしきたり

古くは果物として、島バナナ・シークヮーサー・バンシルー・アダンの実・ウージ（サトウキビ）などをそなえていました。ウージは細く切ったものを数本、シークヮーサーの実のない時期は葉をそなえていたようです。

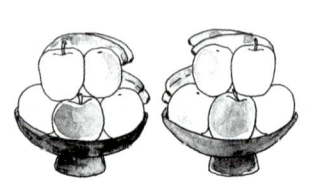

◆仏にそなえる精進料理

ごはん・おすまし（しょう油のすまし汁にさいの目切りした豆腐を入れたものなど）・酢のあえもの・野菜などの煮物・揚げ豆腐などをおそなえします。**肉や魚などはひかえましょう。**

沖縄で精進料理《しょうじんりょうり》の材料として一般に使われているのは、とうふ・こんぶ・アーサ・しいたけ・きくらげ・麸・青菜・根菜類などです。

なお、精進料理をそなえない地域も多いようです。

精進料理。昔は焼香客にもほぼ同じものを出していました。

◆焼香客に出す料理

一昔前までは、仏前におそなえした料理を出すのが普通でしたが、最近はお膳料理による接待《せったい》が多くなったようです。また家によっては専門の業者に依頼してスーコー用の弁当（折詰《おりづめ》ー五百円程度）を利用することもあるようです。

スーコー用弁当：巻寿司、いなり寿司、白かまぼこ、カステラかまぼこ、コロッケ、魚天ぷら、ウィンナー、チキン

◆祭だんのかたづけと後飾り

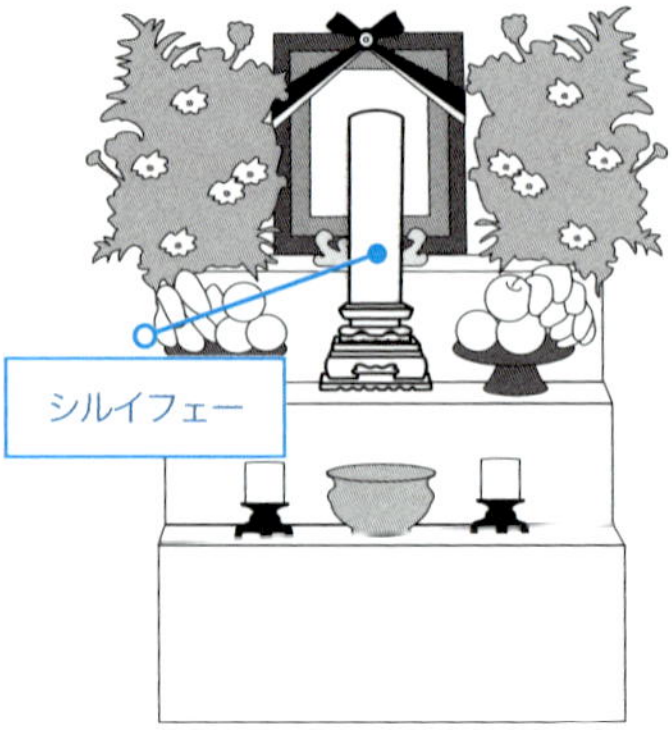

後飾り。シンジュウクニチまで遺影・シルイフェーなどそのまま安置します。

祭だんはハチナンカの翌日かたづけます。その後に「後飾《あとかざ》り」を設置します。

後飾りには、花・ウコール・灯明（ローソク）・果物などをおそなえし、遺影《いえい》を飾り、シルイフェー（白位牌）を安置します。

◆僧侶による読経

近年の沖縄では、ハチナンカとシンジュウクニチには僧侶を招いて、読経をあげてもらうケースが多いようです。特に、ハチナンカのときには呼ぶことが多いようです。ただし、葬儀の際に繰り上げ法要をおこなった場合は家族のみでの供養をおこないます。

スーコーに僧侶を招いた場合のお布施《ふせ》料に決まった額はありませんが、3万円程度が相場《そうば》とされているようです。

ウコー（線香）

沖縄の島ウコー（ヒラウコー）は6本がひと塊になっており、そのひと塊をチュヒラ（一平）といいます。ふた塊分である「タヒラ」（二平）は日本線香12本分となります。

◆チュクンとカタシー

もちを3列に計15個（9個も）詰めた重箱を2箱、おかず9品（7品も）を詰めた重箱を2箱、合計4箱を1組として「**チュクン**」といいます。その二分の一（もち重箱1箱、おかず重箱1箱）の合計2箱を「**カタシー**」といいます。

チュクン

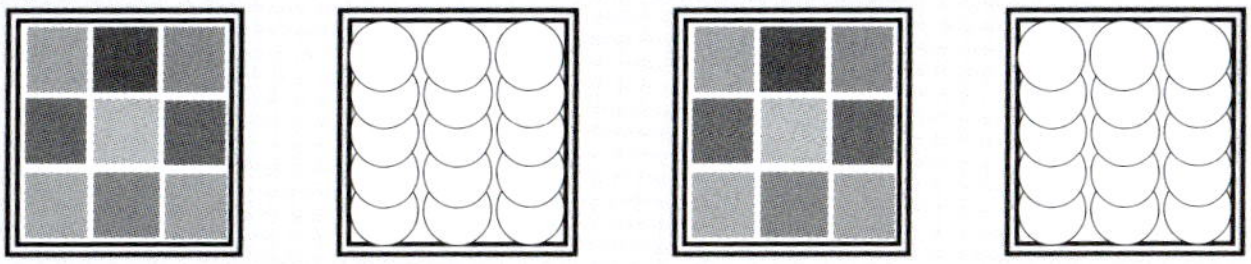

おかず9品
※7品でもよい

もち15個
※9品でもよい

カタシー

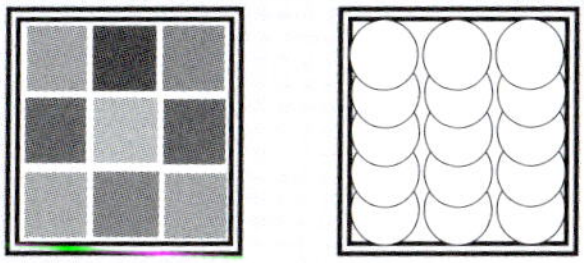

おかず9品
※7品でもよい

もち15個
※9品でもよい

北部地域の中にはもち21個（7×3列）を詰めるところもあります。


おかずの品数は9品が正式だとされていますが、7品でもよいとされています。

重箱に詰めるおかずの並べ方に決まりはありませんが、豚の三枚肉は皮が上になるように、こんぶは返しこんぶにするのが古くからのしきたりです。

もちは白もちにします。

供えるときはこんぶが仏の前になるようにします。

おかずの種類（例）

魚てんぷら	こんぶ	カステラかまぼこ
ごぼう	白かまぼこ	こんにゃく
とうふ	三枚肉	大根

03 タナンカ（二《ふた》・七日《なのか》）

マドゥナンカ

Check!

- 亡くなった日から数えて十四日目にいとなまれます。
- 仏前にそなえる重箱は多くが「カタシー」です。

最初のマドゥナンカにあたる法要です。ほとんどの場合、身内だけですませるケースが多いようです。したがって、ハチナンカのようなお膳料理による接待《せったい》はしません。

タナンカの間に、よく知られた「三途《さんず》の河《かわ》」を渡るとされています。

◆お墓参り

●用意するもの

- ウチャトゥ
- 水
- 酒
- 花
- シルカビ
- ウチカビ
- カビバーチ
- 線香

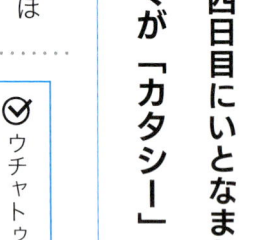

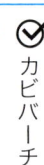

早い時間に家族だけでお墓参りをします。用意するもの、お墓での拝み方はハチナンカと同じですが、重箱はおそなえしないのが一般的です。

◆仏前にそなえるもの

- ウチャトゥ
- 水
- 酒
- 花
- ダーグ
- ハーガー
- 果物
- ムイグワーシ
- 重箱

●重箱（カタシー）

白もち15個（5個×3）を詰めた重箱一箱とおかず9品を詰めた重箱一箱（チュクンの二分の一）。

ハチナンカにそなえたものと同じ**「チュクン」**の重箱料理をそなえる家もありますが、多くの場合は**「カタシー**（チュクンの二分の一）**」**としているようです。

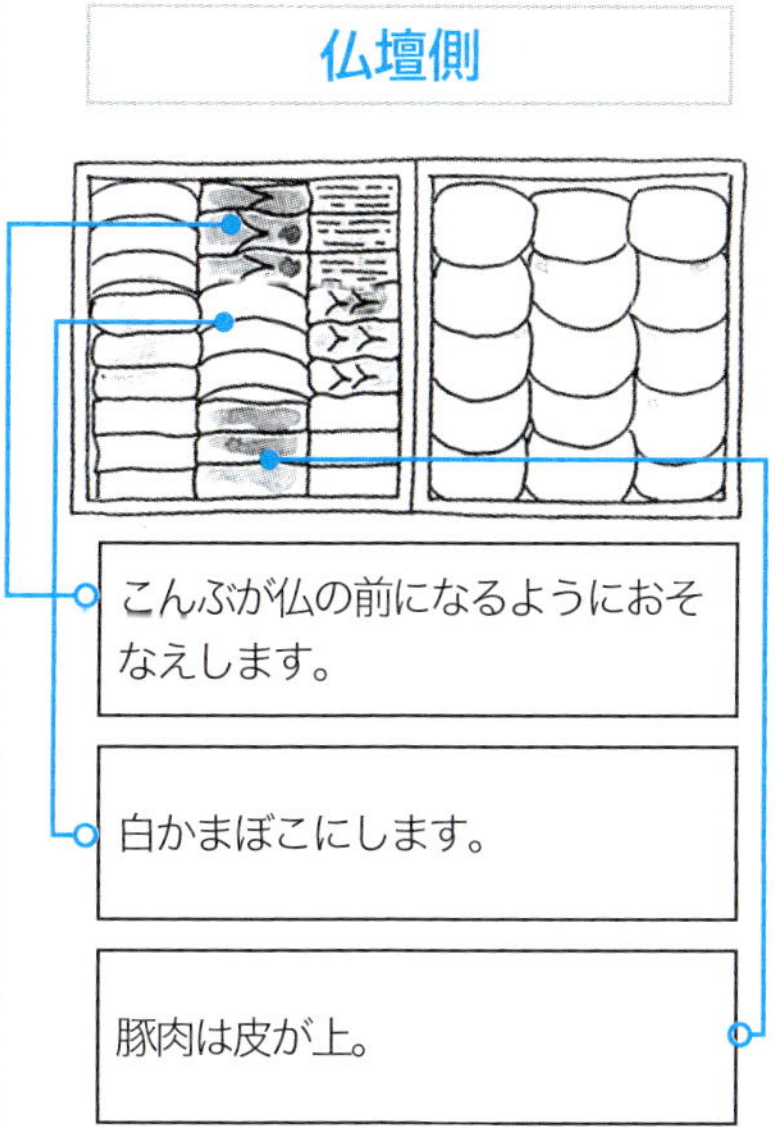

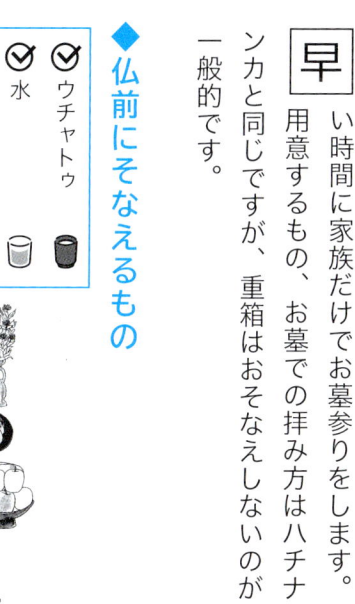

●ムイグヮーシ（七種類の菓子を盛ったもの）一皿

菓子は色のないもの（白）を盛りつけましょう。

●果物（盛り合わせ）一皿

その時期に手に入るものを組み合わせて盛りつけましょう。

●ハーガー二皿

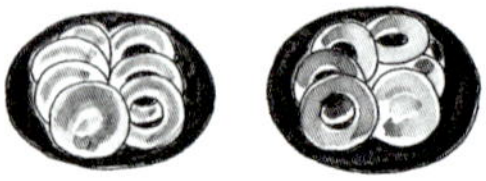

ミーフガーグヮーシ7個とヒーグヮーシ7個を２皿に分けて盛ります。

●ダーグ二皿

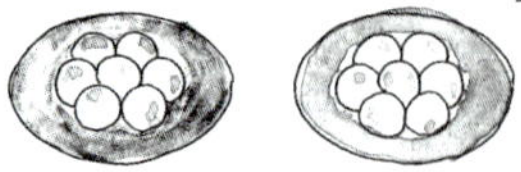

ダーグは１皿に７個ずつ盛ります。

ダーグ（だんご）は本土でもおそなえしますが、１皿に7個と6個を盛りつける地域に別れているようです。

04 ミナンカ（三《み》・七日《なのか》）

Check!

- 亡くなった日から数えて二十一日目にいとなまれます。
- ハチナンカ・タナンカと同じく、早朝にお墓参りをします。

◆お墓参り

タナンカと同じです。

◆仏前にそなえるもの（ハチナンカと同じ）

- ウチャトゥ
- 水
- 酒
- 花
- ダーグ

- ハーガー
- 果物
- ムイグヮーシ
- 重箱

※重箱は「カタシー」にする家も多いようです。

ウフナンカ

ウフナンカの一つとしてハチナンカと同じものをおそなえする場合が多いのですが、最近は重箱も「**カタシー**」にする家がふえてきたようです。

◆焼香客に出す料理

現在でもナンカスーコーをきちんとおこなう人にとっては「**ウフナンカ**」であるという気持ちが強く、焼香客も多いようです。料理はハチナンカと同じです。

05 ユナンカ（四《よ》・七日《なのか》）・イチナンカ（五《いつ》・七日《なのか》）・ムナンカ（六《む》・七日《なのか》）

Check!

●亡くなった日からそれぞれ数えて二十八日目、三十五日目、四十二日目にいとなまれる法要です。

◆ユナンカ（四《よ》・七日《なのか》）

マドゥナンカ

お墓参りから仏前にそなえる供物《くもつ》まで「**タナンカ**」と同じです。

生きている間の悪い行いが秤《はかり》（業秤《ごうばかり》）にかけられるとされます。

◆イチナンカ（五《いつ》・七日《なのか》）

ウフナンカ

お墓参りから仏前にそなえる供物まで「**ミナンカ**」と同じです。

よく知られた閻魔王《えんまおう》の前で生前の悪い行いのすべてが鏡（浄玻璃《じょうはり》の鏡という）に写し出されるとされています。

◆ムナンカ（六《む》・七日《なのか》）

マドゥナンカ

お墓参りから仏前にそなえる供物まで「**タナンカ**」・「**ユナンカ**」と同じです。遺族《いぞく》の追善《ついぜん》（死者の冥福《めいふく》を祈って功徳《くどく》を積むこと）の供養によって、亡くなった者の生前に犯《おか》した悪業《あくごう》が許されるといわれています。

⑥ シンジュウクニチ（七《しち》・七日《なのか》）

ウフナンカ

Check!

- **亡くなった日から四十九日目にいとなまれる、ナンカスーコーの締めくくりです。**
- **シルイフェーから本位牌《ほんいはい》（塗《ぬ》り位牌）にかえ、シルイフェーは焼却します。**

ナンカスーコーのしめくくりのスーコーということもあってか、僧侶を招いて読経《どきょう》をあげてもらう家が多いようです。ハチナンカと同程度の焼香客《しょうこうきゃく》があるのが一般的です。

焼香が終わると、お墓の前でヌジファー（魂抜き）した**シルイフェー**や葬具を焼却します（97ページ参照）。

沖縄ではシンジュウクニチのスーコーをすませることによって、亡くなった人の霊（死霊）は安定期をむかえ、これ以後は墓にとどまり、墓での生活に入るとされています。

シンジュウクニチの晩に「**マブイワカシ**」をする地域が多いのですが、マブイワカシによって生きている者と亡くなった者の霊が分けられることになります。

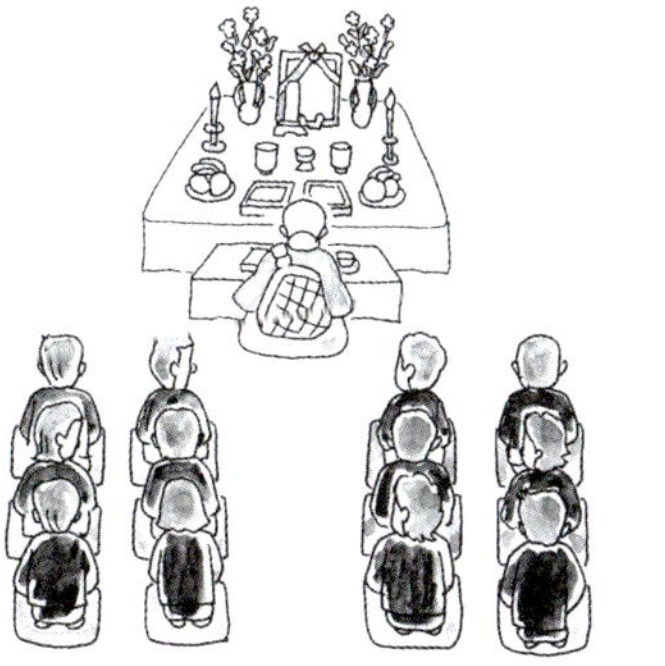

◆仏前にそなえるもの＝ハチナンカと同じもの＋フニムチ（骨もち）

- ウチャトゥ
- 水
- 酒
- 花
- ダーグ
- ハーガー
- 重箱（チュクン）
- 果物
- お膳
- フニムチ
- ムイグヮーシ

重箱はチュクンにするのが一般的です。

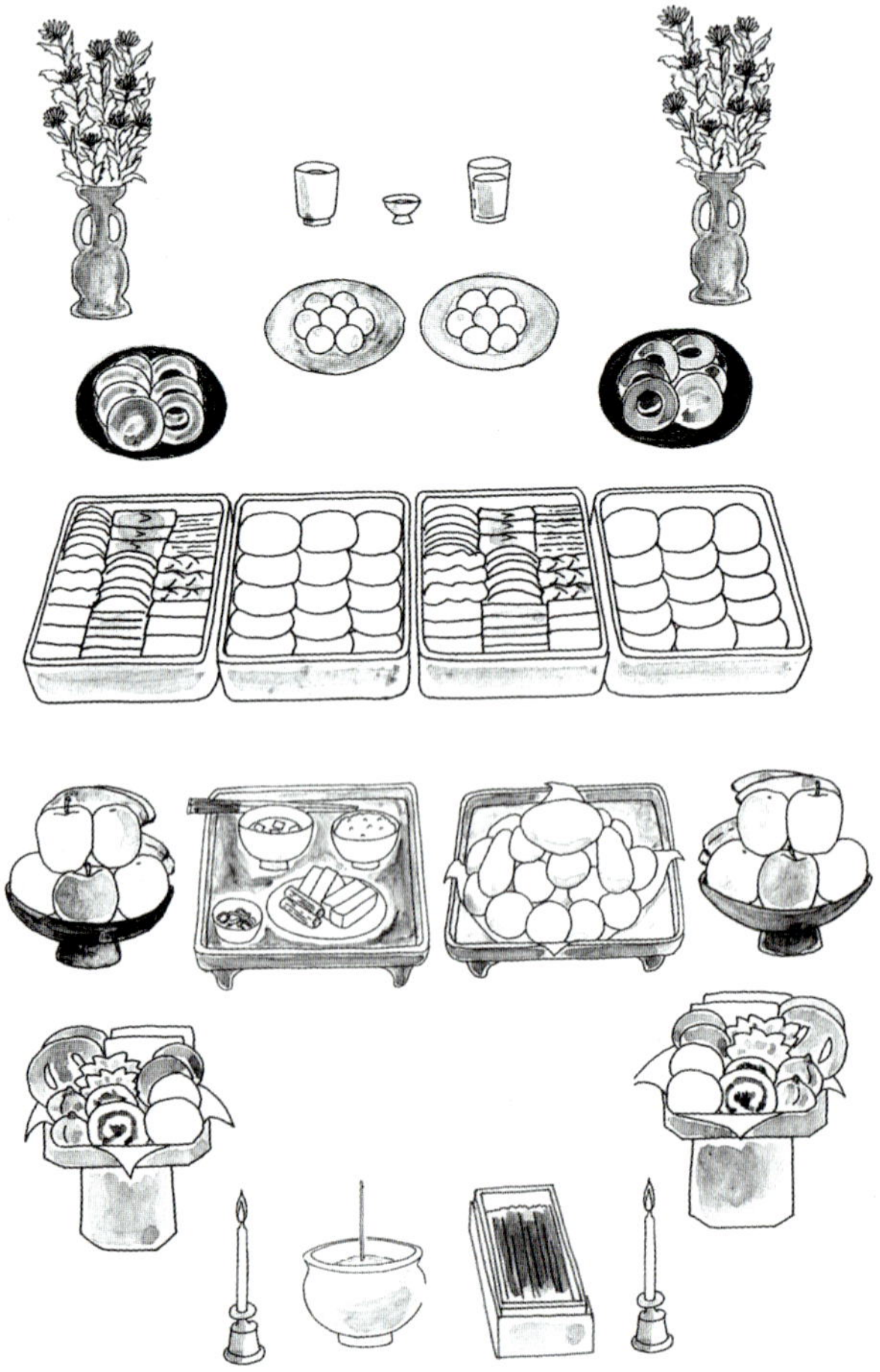

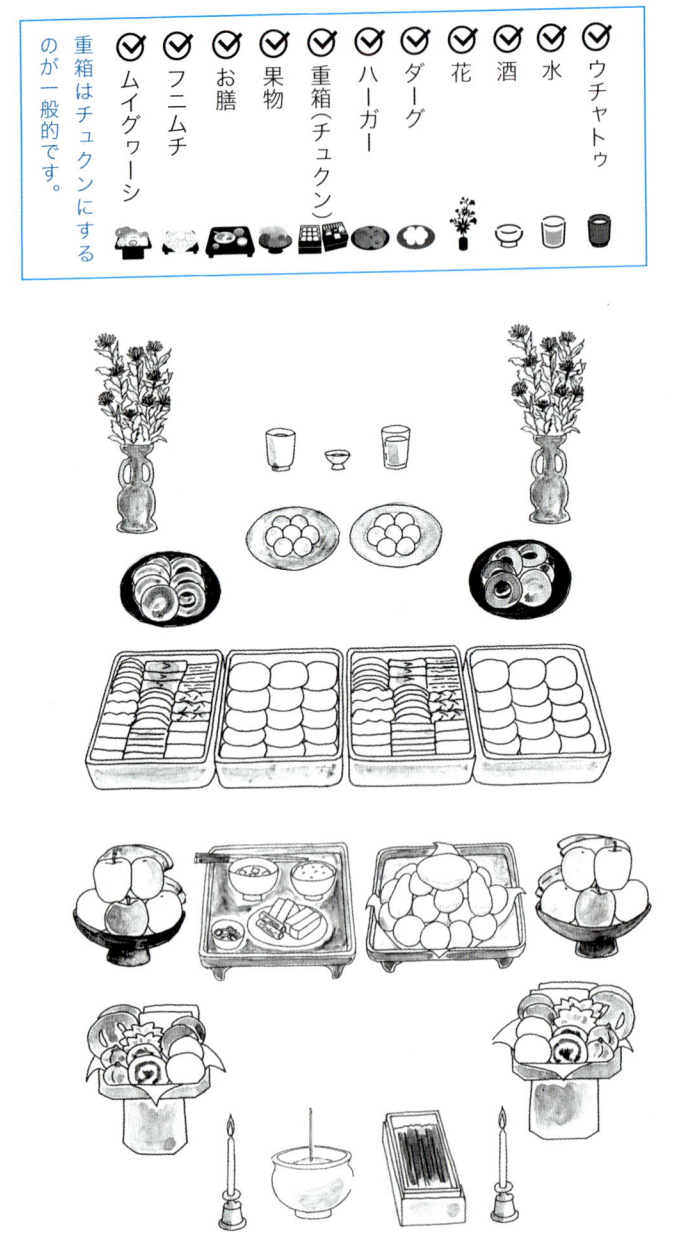

●フニムチ（骨もち）

シンジュウクニチに仏前にそなえる供物《くもつ》はほぼ「ハチナンカ」と同じですが、そのほかに「**フニムチ**」とよばれる49個のもちをおそなえします。

フニムチは、46個の小さなもちと細長い**足餅**《ヒサムチ》2個と**頭餅**《チブルムチ》とよばれる大きなもち1個の計49個のもちを盛り合わせたものです。46個の小さなもちを順々に重ねて、チブルムチを一番上にして盛りつけます。ヒサムチ2個はチブルムチの両横にのせます。

フニムチは、古代インドで死者を祖先の位まで達させるための儀式に用いたのがはじまりだとされています。

フニムチの習慣は、沖縄だけでなく全国各地にあるようです。

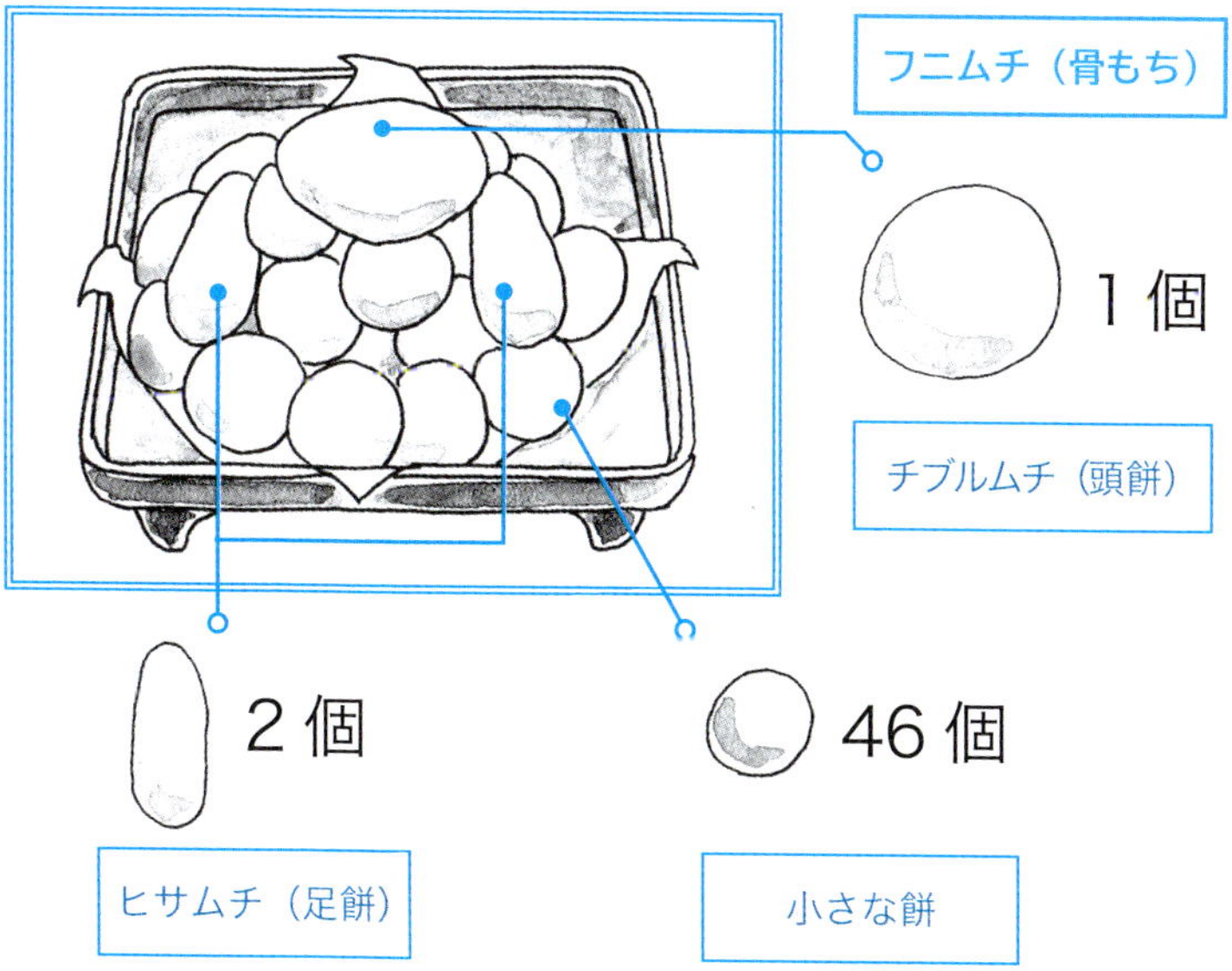

●重箱（チュクン）
白もち15個（5個×3）を詰めた重箱二箱と
おかず9品を詰めた重箱二箱。

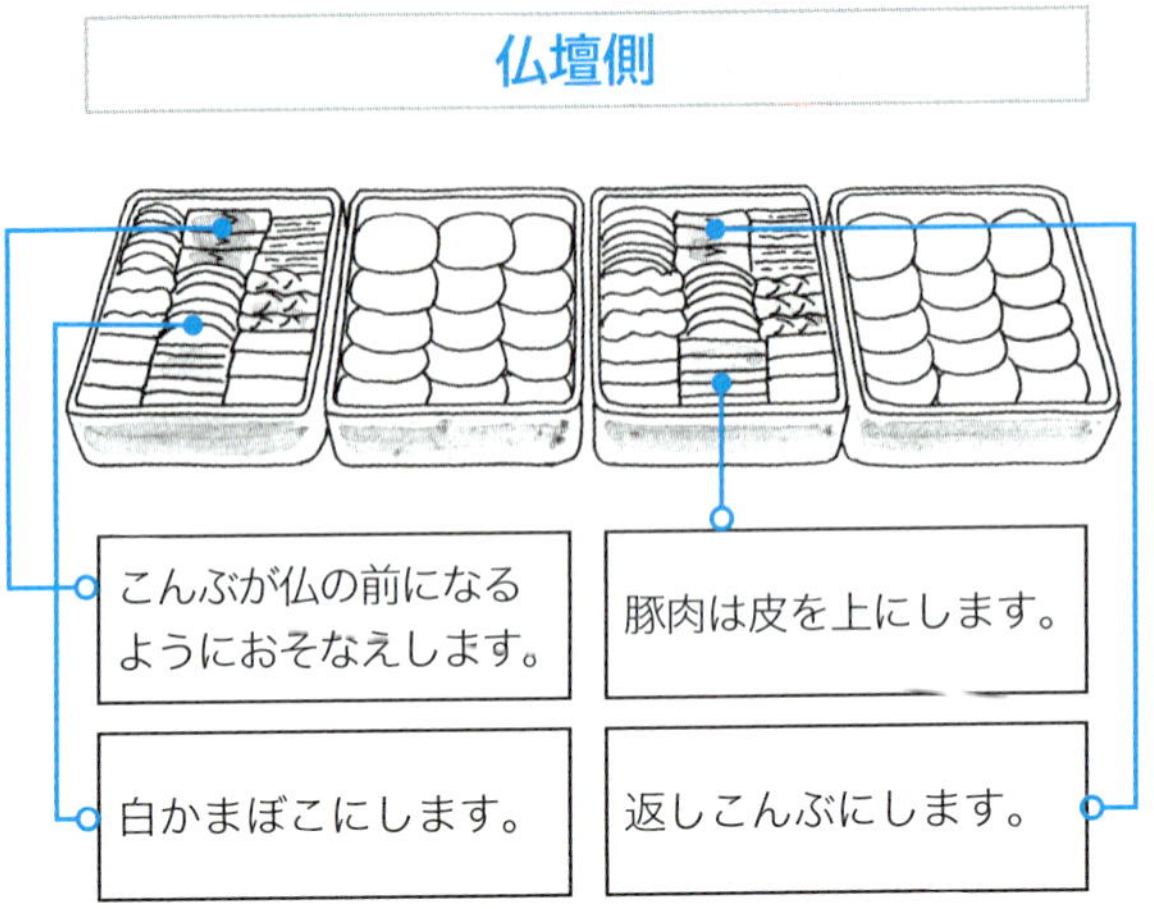
仏壇側
こんぶが仏の前になるようにおそなえします。
豚肉は皮を上にします。
白かまぼこにします。
返しこんぶにします。

重箱に詰めるおかずの並べ方に決まりはありませんが、豚の三枚肉は皮が上になるように、こんぶは返しこんぶにするのが、古くからのしきたりです。

古いしきたり

死者が1年以内に続いて出たときの葬式は、通常とはちがった方法でおこなわれていました。

　2度目の葬式のときは、3度目の模《も》擬《ぎ》葬式をおこないます。模擬葬式は地域によって多少の違いはありますが、小鳥（鶏とする地域も）を殺して小さな箱に納める地域や、人形を納めるところ、卵を納めるところもありました。

　3度目の葬式があることを恐れて模擬葬式をおこなったのです。

◆シルイフェーから本位牌《ほんいはい》へ

シンジュウクニチのたいせつな儀礼の一つです。それまでの**シルイフェー**から**本位牌**（塗《ぬ》り位牌）にまつられる（**イフェーノーシ**）ことになります。

本位牌にまつるときは、お坊さんをおよびしているときはお経《きょう》によって「**魂入れ**」をしてからまつります。

本位牌には戒名《かいみょう》、俗名《ぞくみょう》、死亡年月日、享年《きょうねん》（亡くなった歳―この場合は数え年）を書き入れます。

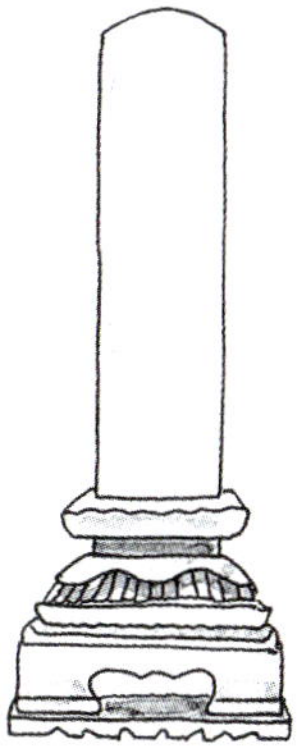

シルイフェー

◆シルイフェーの焼却《しょうきゃく》

シルイフェーは「**ヌジファー**（魂抜き）」してから葬具《そうぐ》といっしょに墓の前で焼却します。そのときの灰の一部をシルイフェーの前におかれたウコールの灰といっしょにして、墓のウコールの灰とまぜます。

ヌジファーというのは、死者の霊魂《れいこん》をその場所から抜き取って移すことです。

本位牌（ウチナーイフェー）

花米・酒・餅をそなえ、ウコー（タヒラと二分の一）をともして、ウコーに霊がのり移るようにとなえ、ウコーの火をいったん消します。再度火をともして結びのウグヮンをします。

花米・酒・もらを用意します。

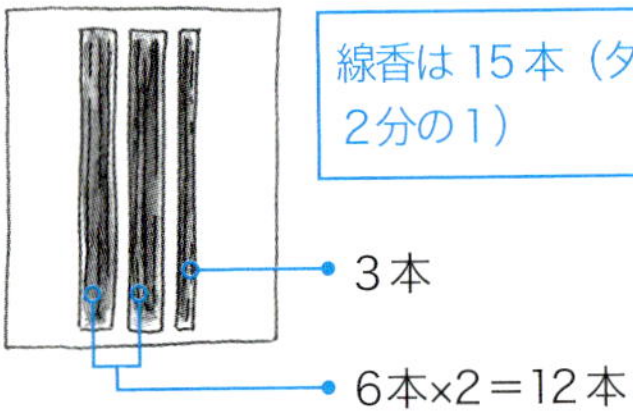

線香は15本（タヒラと2分の1）

◆マブイワカシ

マブイワカシというのは、「**イチミ**（生きている者）」と「**シニミ**（亡くなった者の霊）」を分ける儀式のことです。

ほとんどの地域で、シンジュウクニチの焼香《しょうこう》がすんだ夕方におこないますが、ナーチャヌミーあるいは三日目、ミナンカ、百カ日というところもあります。亡くなった者の家族と臨終《りんじゅう》に立ち会った人たちが参加します。

マブイワカシは地域によってそれぞれのやり方があります。

読谷村の場合

水・花米・ウチャトゥを仏間（死者が安置されていた部屋）に置き、「**イチミトゥ　グソーヤワカリーグトゥ　マブヤー　ウーティアッ**

クナヨー」（生霊と死霊とはお別れしますので魂は追いまわして歩きなさるな）などととなえ、水を参加した人びとの額に三回つける。

水・花米・ウチャトゥをおそなえします。

伊是名島の場合

司祭者はユタである。

東の方にむいてのびた桑の枝をとってきて、亡くなった者の家族や近親者が並んでいるところで、各々の頭を桑の枝で三度ずつなでながら**「マブヤーは子孫に災いをしないように、あんたはあの世の人だから」**などといって祈る。

桑の枝で頭を３回なでながら祈ります。

那覇市の場合

水・洗い米・酒・シルカビをそなえ、右手にサン、左手にウコーを持ち、亡くなった人の名まえをとなえながら、死者の安置されていた枕元・胸元・足元あたりの三カ所を軽くたたき、サンを時計廻《まわ》りに三回ほどまわし**「成仏《じょうぶつ》できますように」**と願《がん》をかける。

右手にサン、左手にウコーを持ちます。

07 ヒャッカニチ（百カ日）

Check!

- 亡くなった日から数えて百日目にいとなまれます。
- 仏前にそなえる重箱は「カタシー」が一般的です。

ほとんどの場合は、身内のごくかぎられた人たちが参加していとなまれているようです。

◆お墓参り

家族だけでお墓参りをします。用意するものは、花・水・酒・ウチャトゥ・線香・ウチカビです。

●用意するもの

- ウチャトゥ
- 水
- 酒
- 花
- 線香
- シルカビ
- ウチカビ
- カビバーチ

◆仏前にそなえるもの

重箱（カタシー）※p87参照・果物・ムイグヮーシ。

◆墓の年忌

墓の年忌というのは、新しく墓を造ってから数えで年忌をおこなう習俗のことです。

新しく造った墓に入る死人がないときに、3年・7年・13年・25年・33年目ごとにまつりをおこないます。死者が出ないことはよろこばしいこととする考え方が、墓の年忌という習俗を生み出したといわれています。

各地に伝わる墓年忌をみていきます。

国頭村	1周年祝い・3周年祝い・7周年祝い・13周年祝い・25周年祝い・33周年祝い
本部町	1年忌（シンジュヌウタンカー）・3年忌（ミタンカー）・7年忌（シチネンイワイ）・13年忌（ジュウサンニンヌイワイ）・25年忌（ニジュウグニンヌイワイ）・33年忌（サンジュウサンニンヌイワイ） ※7年忌以後からはごちそうもなく、家族だけで簡単にすませます。
名護市	1年忌・3年忌・13年忌・25年忌 ※3年忌で終わる家もあるようです。
うるま市（勝連）	1年忌・3年忌・7年忌・13年忌・25年忌・33年忌
南城市（佐敷）	1年忌・3年忌・7年忌・13年忌・25年忌・33年忌
宮古島市（城辺）	3年忌
石垣市	1年忌・3年忌・5年忌・7年忌 ※死者が出ないときにかぎっておこなわれます。
与那国	3カ月・7カ月・1年忌・3年忌・7年忌・13年忌・25年忌・33年忌

第5章 ニンチスーコー（年忌）

01 ニンチスーコーとは

Check!

- **亡くなった翌年の命日から満三十二年目まで計六回の法要があります。**
- **十三年忌まで「ワカスーコー」、三十三年忌まで「ウフスーコー」と呼びます。**

ナンカスーコー（週忌《しゅうき》）、ヒャッカニチ（百日目）がすんだあとは「**ニンチスーコー**」となります。

ニンチスーコーは、亡くなった翌年の命日（亡くなった日）にいとなまれるのが**イヌイ**（一年忌）、満二年目が**サンニンチ**（三年忌）、満六年目が**シチニンチ**（七年忌）、満十二年目が**ジュウサンニンチ**（十三年忌）、満二十四年目が**ニジュウグニンチ**（二十五年忌）、満三十二年目が**サンジュウサンニンチ**（三十三年忌）で、計6回いとなまれます。

そのうちイヌイからジュウサンニンチまでの計4回いとなまれるスーコーを「**ワカスーコー（若焼香）**」といい、ニジュウグニンチとサンジュウサンニンチを**「ウフスーコー（大焼香）」**とよんでいます。

　ワカスーコーまでは、亡くなった人の追善《ついぜん》供養《くよう》（死者の冥福《めいふく》を祈って供養をする）スーコーとなりますが、ウフスーコーは**祝儀《しゅうぎ》（祝いごと）という意味がこめられるようになります。**

　特にサンジュウサンニンチは**「ウワイスーコー（終わり焼香）」**ともいうように、故人に対する最後のスーコーとなり、これがすすむと、亡くなった人の霊は清められ、ウヤグワンス（祖先）といっしょになり、クワッウマガ（子孫）を見守る神さまになると信じられています。

　昔からのしきたりとして、スーコーは早めにいとなむのは良くない、のばすのは良いといわれます。しかし本土ではその逆で、法事（スーコー）は早めにいとなむのは良いが、のばすのは良くないとされています。いずれにしても、**スーコーはできるかぎり命日にいとなむ方が良い**ということになります。

例：2007年に亡くなった人のニンチスーコーの日程

	亡くなった年	2007年
ワカスーコー（若焼香）	イヌイ（一年忌）	2008年（翌年）
	サンニンチ（三年忌）	2009年（翌々年）
	シチニンチ（七年忌）	2013年（6年目）
	ジュウサンニンチ（十三年忌）	2019年（12年目）
ウフスーコー（大焼香）	ニジュウグニンチ（二十五年忌）	2031年（24年目）
	サンジュウサンニンチ（三十三年忌）（ウワイスーコー）（終わり焼香）	2039年（32年目）

02 イヌイ（一年忌）

ワカスーコー

Check!

- **ニンチスーコーはすべて数え年で計算されます。**
- **お墓参りをして家へおまねきします。**

亡くなった人の霊は、シンジュウクニチ以後は**墓での生活に入ったと考えられています。**

イヌイでは、墓前で**イヌイ**（一年忌）をいとなむことを報告し、故人の霊を家へまねきます。

イヌイからはじまってジュウサンニンチ（十三年忌）まで4回いとなまれるワカスーコーのときのそなえものは、ナンカスーコーのときとほぼ同じです。

◆お墓参り

朝の早い時間に家族だけでお参りします。

朝一番にウチャトゥをあげてウートートゥをします。

供物をおそなえし、線香3本（二分の一ヒラ）を点じてイヌイをいとなむことを報告し、線香12本（タヒラ）をあげて「**イヌイ　ヌ　スーコーサビィークトゥ　イメンソーチ　ウタビミソーリ**」（一年忌の法事をいとなみますのでどうぞ〈家へ〉いらっしゃってください）と、おまねきします。それからヒジャイガミの前でウチカビ各々3枚ずつを焚《た》きあげます。

●用意するもの

- ウチャトゥ
- 水
- 酒
- 花
- シルカビ
- ウチカビ
- カビバーチ※1
- 線香
- ウチャワキ※2

※1 火鉢。ウチカビを燃やすボウルなど。
※2 ごぼうのふくめん・とうふ・カマボコ・肉など…那覇市そなえない地域もあります）

ごぼうのふくめん…ごぼうにころもをつけた揚げもの。ウチャワキをそなえないで迎えの案内をする地域も多い。

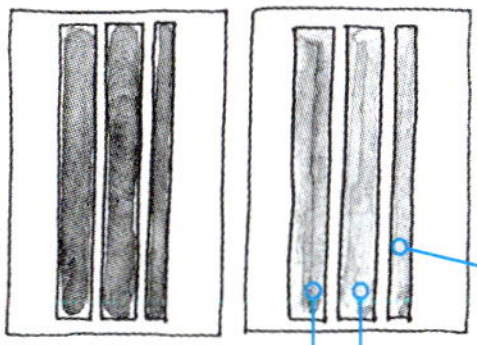

ウートートゥの終わった後で、ヒジャイガミの前でウチカビを焚きあげます。

◆仏前にそなえるもの

- ウチャトゥ
- 水
- 酒
- 花
- ダーグ
- ハーガー
- 果物
- ムイグワーシ
- 重箱
- お膳

白い布をかけたテーブルに供物を並べておそなえします。

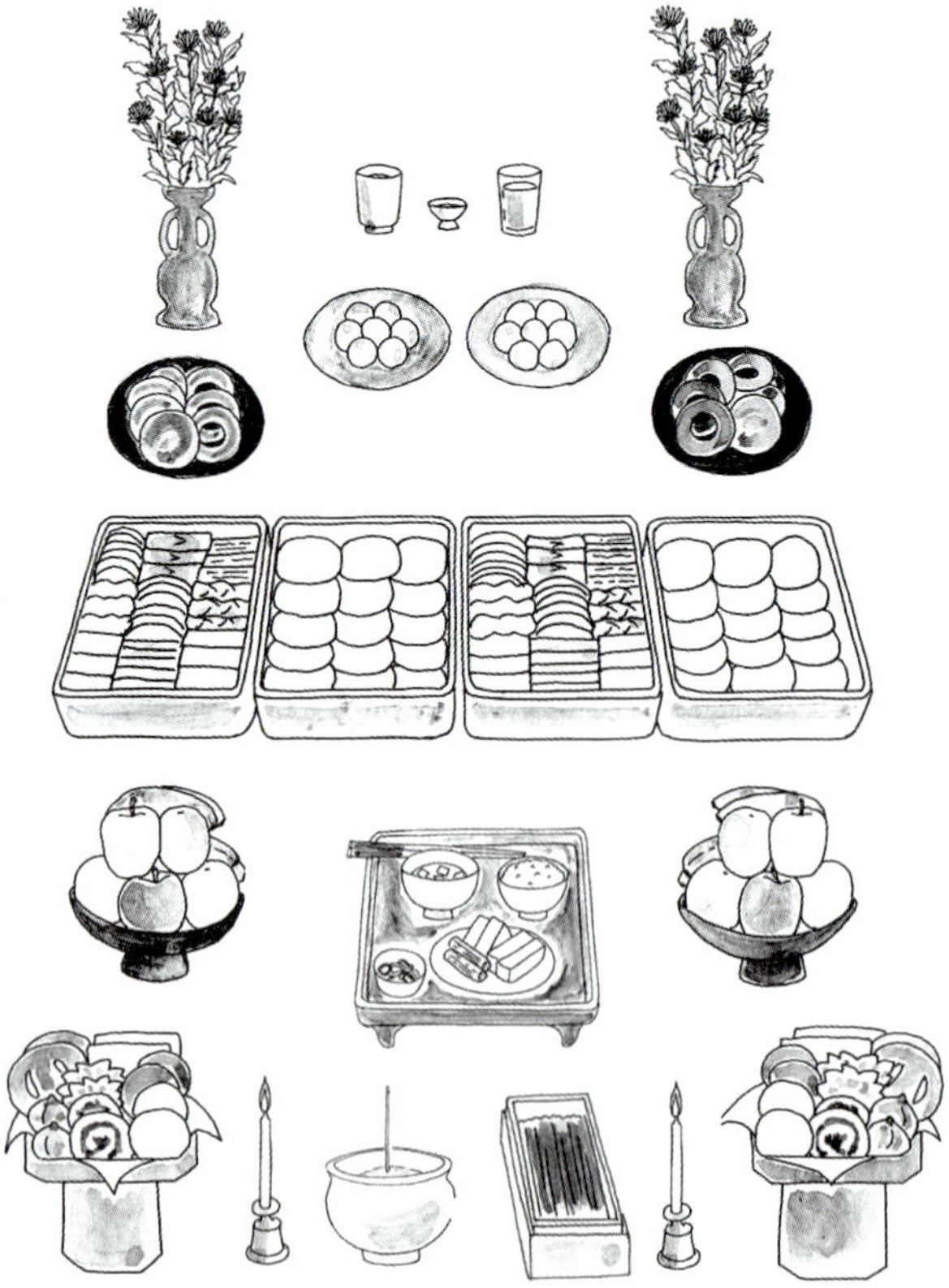

基本的にはナンカスーコー（ハチナンカ ーp.82）と同じものをおそなえします。

●重箱（チュクン）
白もち15個（5個×3）を詰めた重箱二箱とおかず9品を詰めた重箱二箱。
白もち21個（7個×3）とおかず7品を詰める地域もあります。

仏壇側

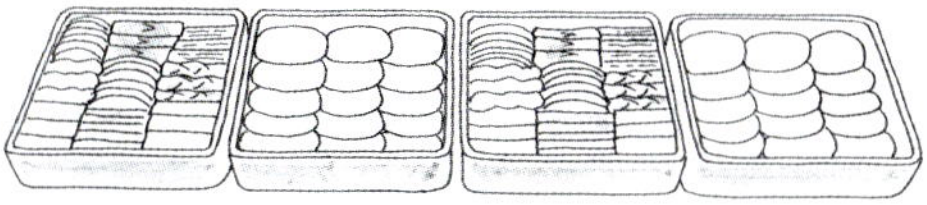

こんぶが仏の前になるようにおそなえします。こんぶは返しこんぶ、かまぼこは白にします。豚肉は皮が上になるように詰めます。

※多良間島（宮古）では、イヌイに魚を仏ダンにかざる風習があります。重箱は「カタシー」の地域も多く見られます。

●ムイグヮーシ（七種類の菓子を盛ったもの）二皿

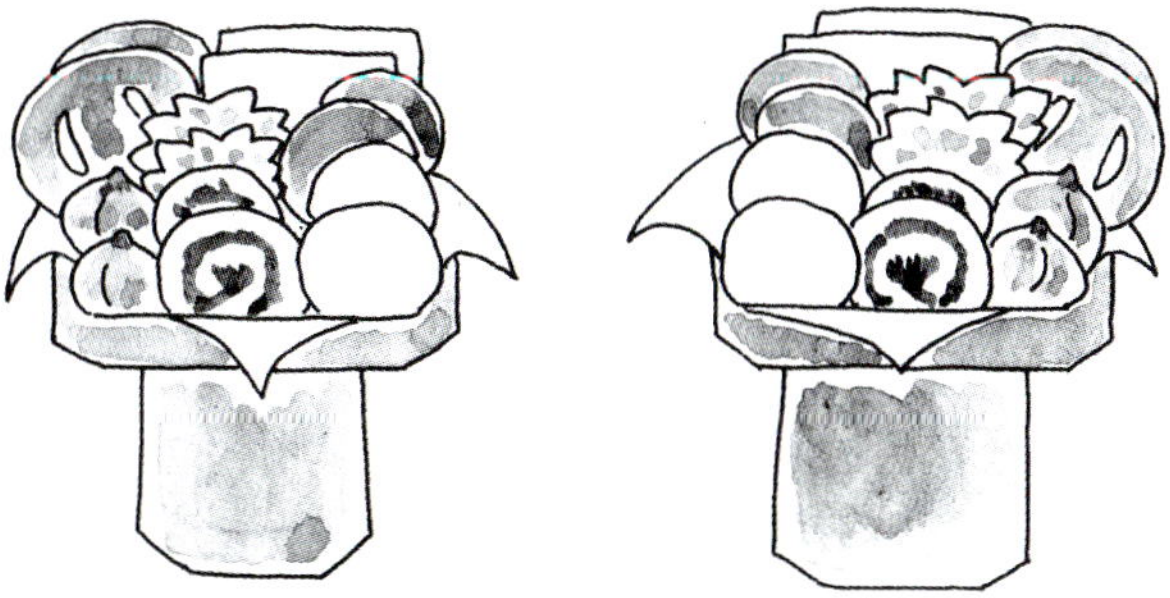

・クシチグヮーシ・ボタンコー（らくがん）・ムムグヮーシ（桃菓子）
・ハナボール・マキガン・コンペン・白まんじゅう

●果物（盛り合わせ）二皿

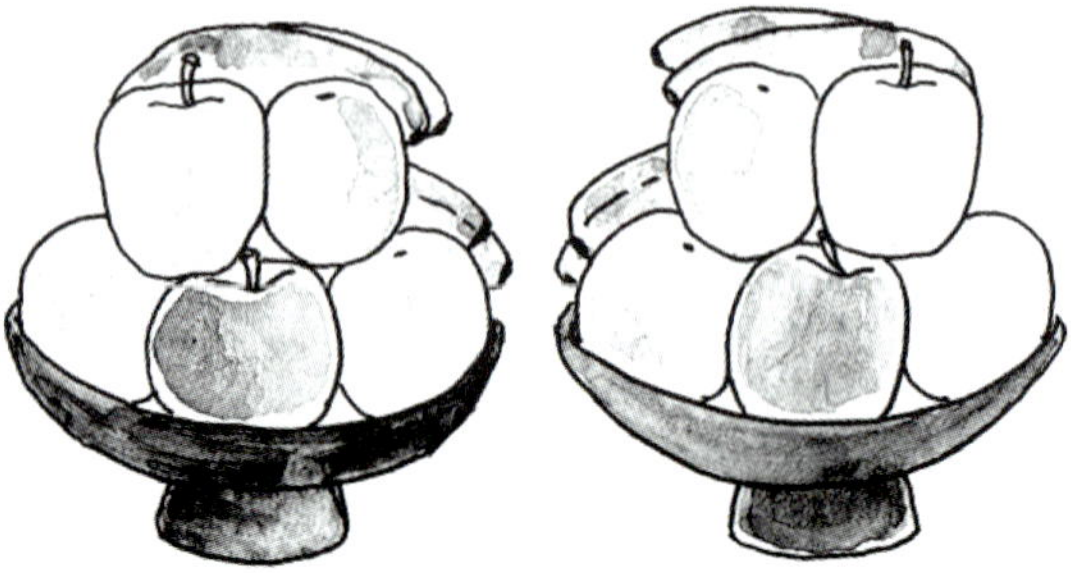

故人の好きだったものを中心に季節のくだものをおそなえしましょう。

●ハーガー二皿とダーグ二皿

ミーフガーグヮーシ７個とヒーグヮーシ７個を２皿に分けて盛ります。

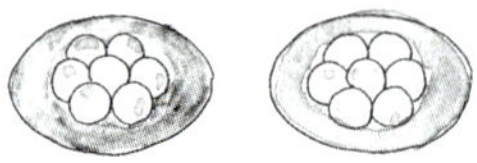

沖縄では」ほとんどの地域が７個ずつ盛りつけます。

古いしきたり

洗骨を終えた骨は、ジーシガーミ※におさめます。先に亡くなった方をとりあえず、中ぐらいの大きさのジーシガーミに入れておいて後に亡くなった者といっしょに移しかえます。「ミートゥンダーカーミヌチビティーチ」といって、夫婦が添いとげたことを喜びます。

※厨子甕。骨壷。

●お膳《ぜん》料理
ごはん
お汁（とうふのすまし汁など）
ウサチ（酢の和えもの）
ウチャワキ（重箱のおかずから二切れずつを皿に盛りつけたもの）

◆焼香客《しょうこうきゃく》に出す料理

ふ　つうは仏前にそなえたお膳料理を接待用の料理としてお出しします。

首里ではコーグヮーシともちなどを土産としてもたす風習があります。

古いしきたり

首里では、煮しめもの・揚げもの・カステラかまぼこ・カステラなど七品または九品を入れた重箱二箱、三列にもち15個を入れた重箱二箱を正式な「御三味（ウサンミ）」とみなしています。ウサンミは神仏にあげるためにつくる重箱料理のことをいいます。本式のサンミは「ウフサンミ」といい、豚・鶏・魚の類を丸のまま煮てそなえたものです。

03 サンニンチ（三年忌）・シチニンチ（七年忌）・ジュウサンニンチ（十三年忌）

ワカスーコー

Check!

- 満二年目（サンニンチ）、満六年目（シチニンチ）満十二年目（ジュウサンニンチ）の命日にそれぞれいとなまれます。
- そなえるものは「イヌイ」※p104参照と同じです。

ジュウサンニンチでワカスーコーは最後となり、亡くなった人に対する追善供養《ついぜんくよう》も終わりとなります。

仏だんにウチャトゥをあげた後、家族でお墓参りをし、迎えの案内をするのもイヌイと同じ方法でやります。

仏前におそなえするお膳《ぜん》料理、焼香客《しょうこうきゃく》に出す接待《せったい》料理も変わりはありません。

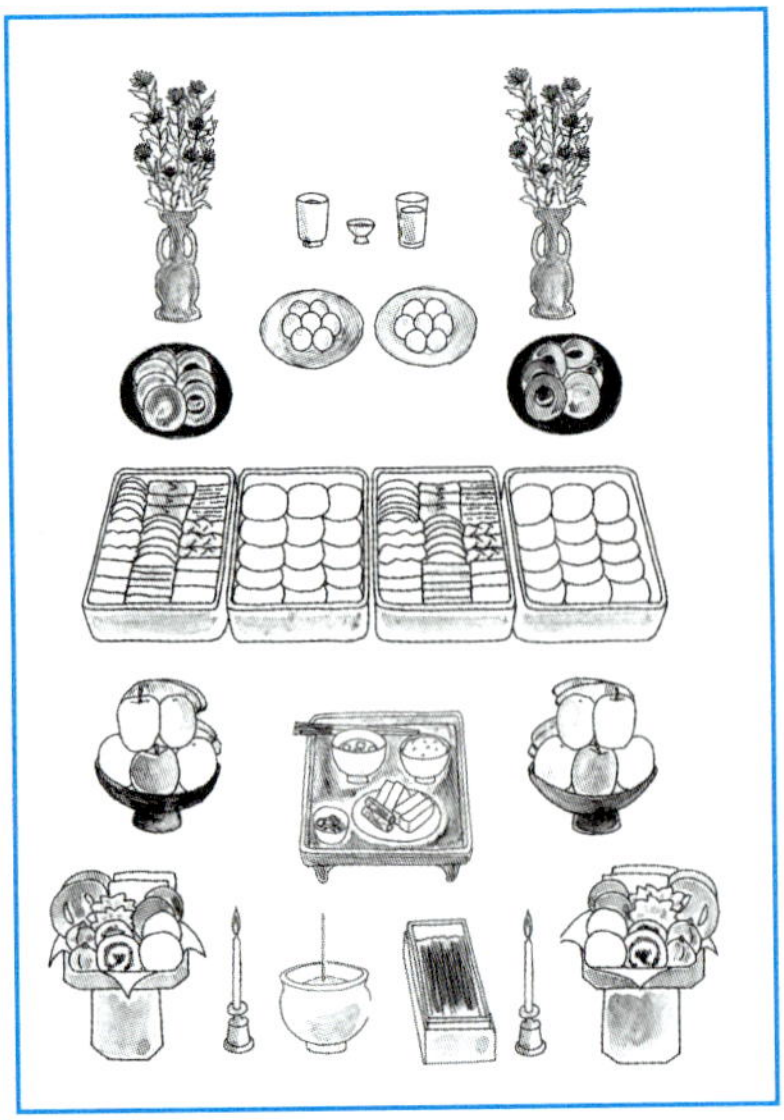

※本島北部の一部地域や、宮古の池間島などでは「ジュウサンニンチ」を「ウワイスーコー（終わり焼香）」としていとなみ、故人に対するスーコー（法事）は、これが最後となるようです。

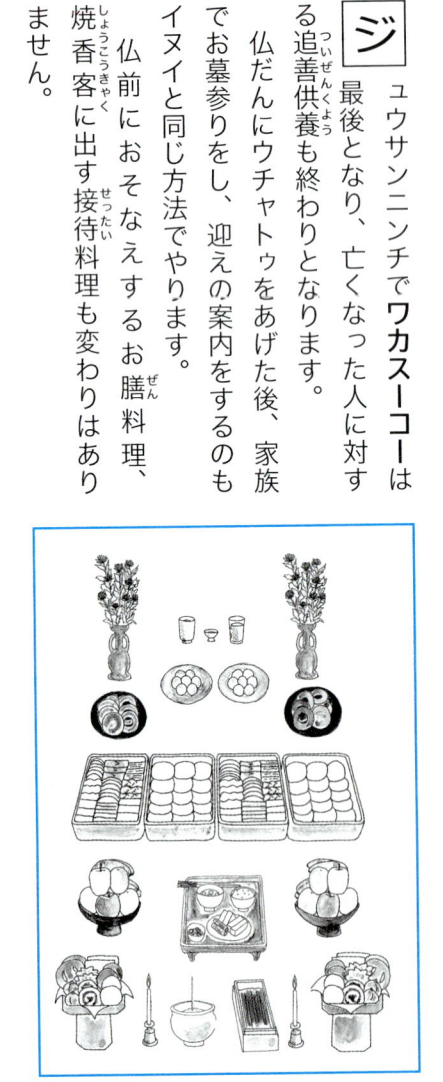

④ ニジュウグニンチ

Check!

● **そなえるものが、白いものから赤や桃色などに変わります。**

● **祝儀（祝いごと）の意味がこめられるようになります。**

ウフスーコー

二ジュウグニンチ（二十五年忌）、サンジュウサンニンチ（三十三年忌）のことを「**ウフスーコ**」とよんでいます。これまでのスーコーとちがい、お祝いの意味がこめられるようになり、仏前にそなえる供物《くもつ》も種類は同じですが、**赤や桃色などを中心とした祝い色が強くなります。**

また、ワカスーコーが身内だけでいとなまれるのとちがい、**焼香客《しょうこうきゃく》の多い盛大なものとなる**のが一般的です。

・赤かまぼこ・桃色のムムグヮーシ
・赤と白の模様の入ったコーグヮーシ

◆お墓参り

朝 一番に仏だんにウチャトゥをあげるのは同じですが、首里では丸い「シンピー（煎りもち）」をそなえます。その後に家族でお墓参りをします。

仏ダンにウチャトゥをあげて拝みます。

●用意するもの

- ✓ ウチャトゥ
- ✓ 水
- ✓ 酒
- ✓ 花
- ✓ シルカビ
- ✓ ウチカビ
- ✓ カビバーチ※1
- ✓ 線香
- ✓ ウチャワキ

※1 火鉢。ウチカビを燃やすボウルなど。

お墓での拝み方は「ワカスーコー」と同じです。ただしウチカビは25枚焚きあげます。

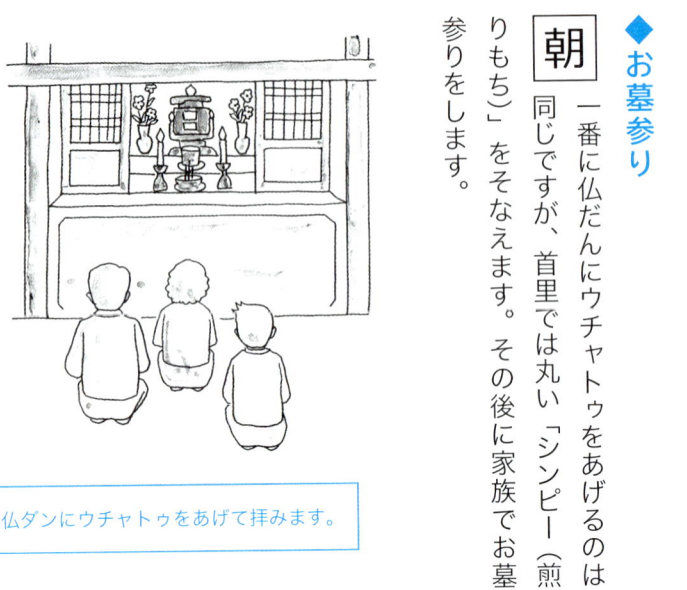

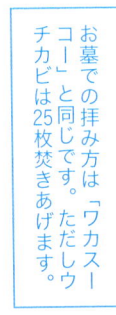

◆仏前にそなえるもの

- ウチャトゥ
- 水
- 酒
- 花
- ダーグ
- ハーガー
- 果物
- ムイグヮーシ
- 重箱
- お膳

白い布をかけたテーブルに供物を並べておそなえします。

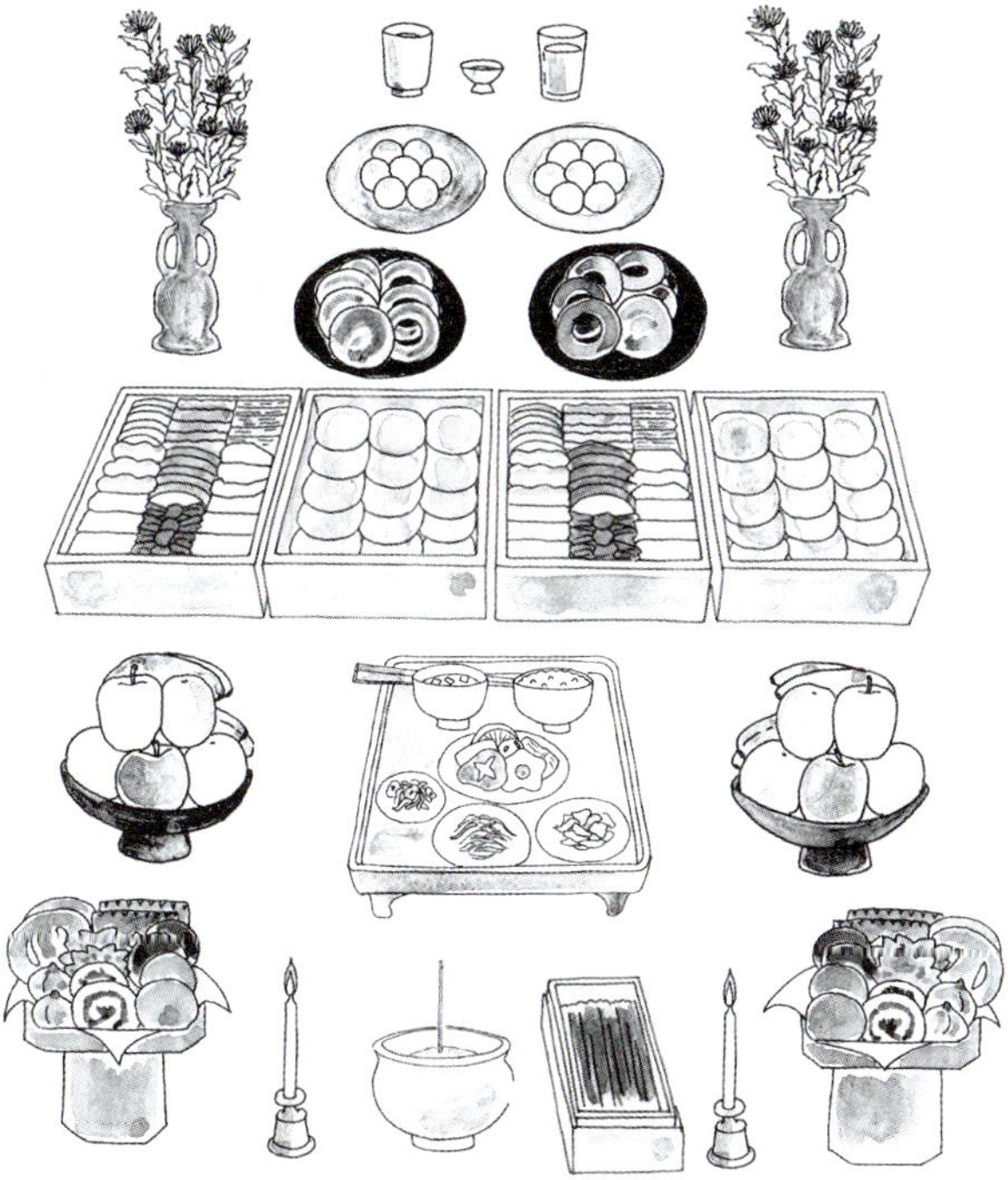

ワカスーコーとちがい、重箱料理やムイグヮーシは色のついたはなやかなものになります。首里ではそのほかに「ティンジンのまんじゅう」をそなえます。

仏壇側

●重箱（チュクン）

白もち15個（5個×3）を詰めた重箱二箱とおかず9品を詰めた重箱二箱。

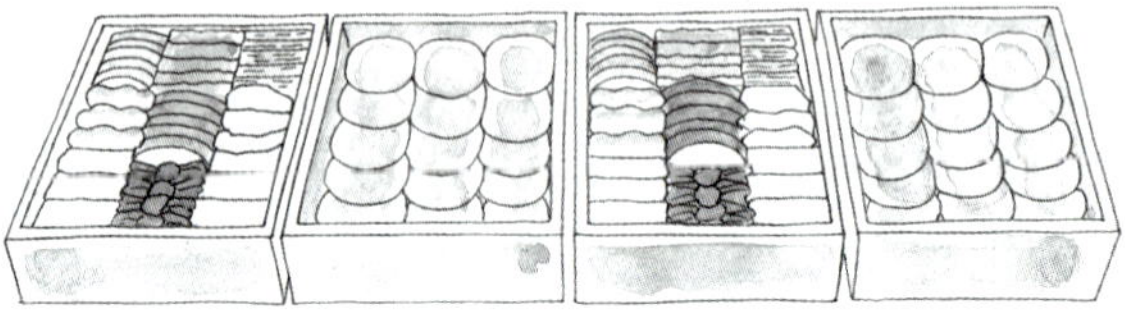

かまぼこは赤かまぼこ、こんぶは祝い用の結びこんぶ、こんにゃくのかわりに祝い用のターンムのから揚げを詰めます。三枚肉は皮を下にします。

●お膳《ぜん》料理

白いご飯・お汁・精進料理・ウサチ（酢の和《あ》えもの）・ミミガーさしみ・血イリチーを膳にのせて昼どきにおそなえします。

ワカスーコーとは違い、「ミミガーさしみ」・「血イリチー」が献立に加わります。

◆お膳料理

お膳《ぜん》料理は仏壇にむけて供えます。

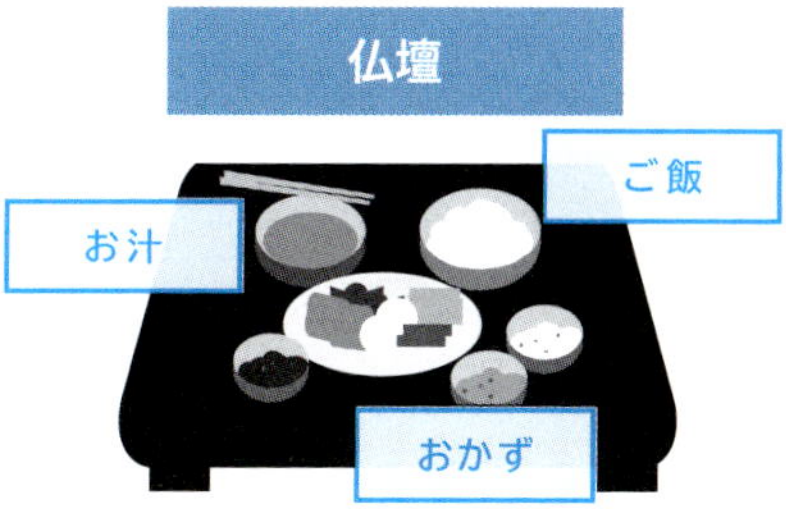

▶白ご飯

▶お汁

とうふやアーサ・青菜などのすまし汁

▶精進料理

大根・包みゆば（味つけしたゴボウ・しいたけ・キクラゲをとうふのユバで包んだもの）・うずらとうふ（とうふをつぶしキクラゲとまぜたものをうずら卵ほどの大きさに丸めて油で揚げたもの）・花ふ・しいたけを煮しめたもの・竹の子を煮しめたものを皿に盛りつけます。

▶ウサチ

大根・チリビラ（ニラ）・キクラゲ・薄揚げどうふをきざんだものに、もやし（マーミナー）を加えて酢のものにし、中皿に盛ります。

▶ミミガーさしみ

豚の耳を細長くきざんでキュウリといっしょに和《あ》えたもの。

▶血イリチー

豚もしく牛の血を用いた料理です。材料は豚肉・切り干し大根・かまぼこ・キクラゲなどで、それに豚（牛）の血のかたまりをまぜてつくります。

●ムイグヮーシ（七種類の菓子を盛ったもの）二皿

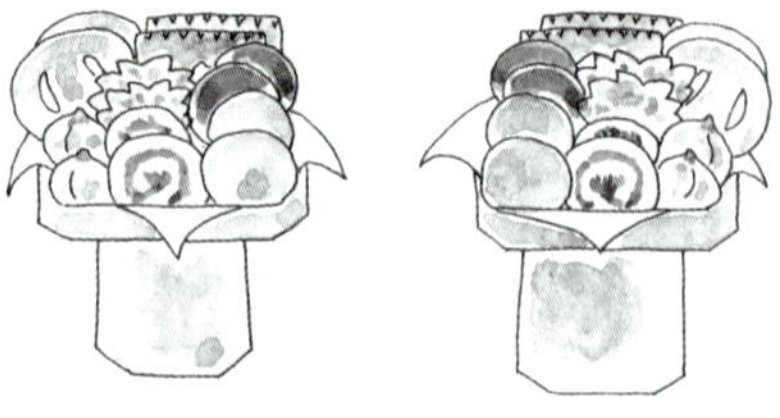

赤と白の模様の入ったコーグヮーシ、桃色のムムグヮーシ、赤まんじゅうなどを盛ります。

・クシチグヮーシ（板状のらくがん）・ボタンコー（らくがん）・ムムグヮーシ（桃菓子）
・ハナボール・マキガン・コンペン・赤まんじゅう

●果物（盛り合わせ）二皿

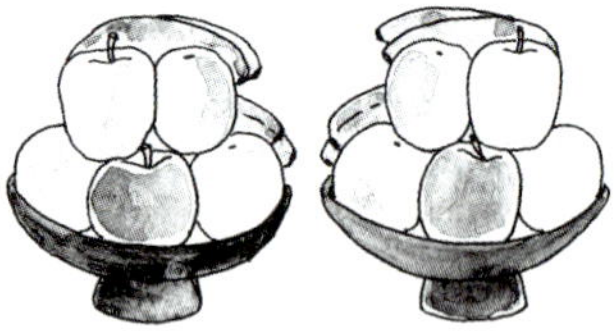

果物の種類にこだわる必要はありません。

●ハーガー二皿（二種類の菓子七個を盛ったもの）

ミーフガーグヮーシ７個とヒーグヮーシ７個を２皿に分けて盛ります。

古いしきたり

大正年間まで、白いご飯のかわりに「五穀の御飯（グククヌウブン）」といって、米・粟・黍・高粱・大麦をいっしょに煮て、これを仏ダンにそなえる地域もありました。

●ダーグ二皿（だんご七個盛ったもの）二皿

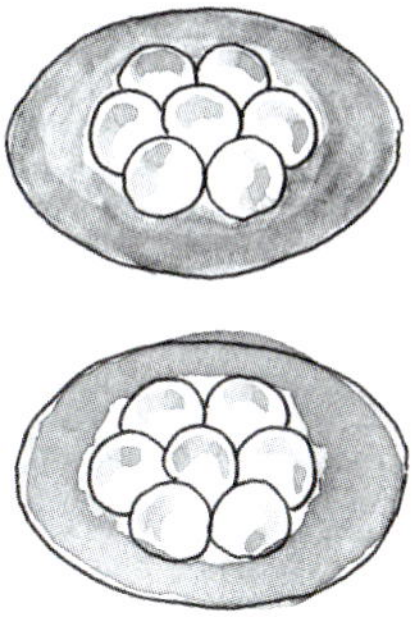

●ティンジンのまんじゅう（二種類の菓子を四つに切って小皿にのせたもの）二皿

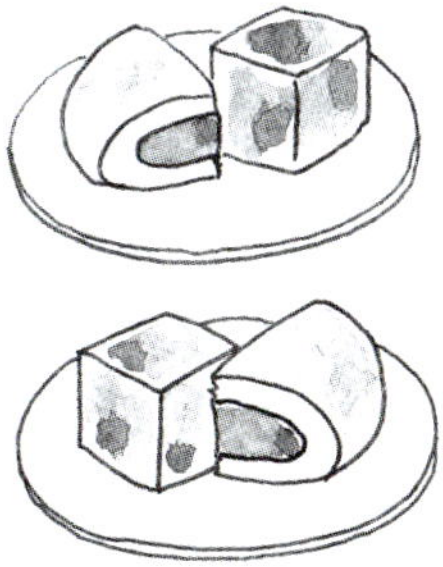

・羊かん
・赤まんじゅう

◆焼香客《しょうこうきゃく》に出す料理

仏　前にそなえた精進料理に赤飯、血イリチー、ミミガーさしみ、ウサチ（酢の和《あ》え物）を会席膳にのせてお出しします。

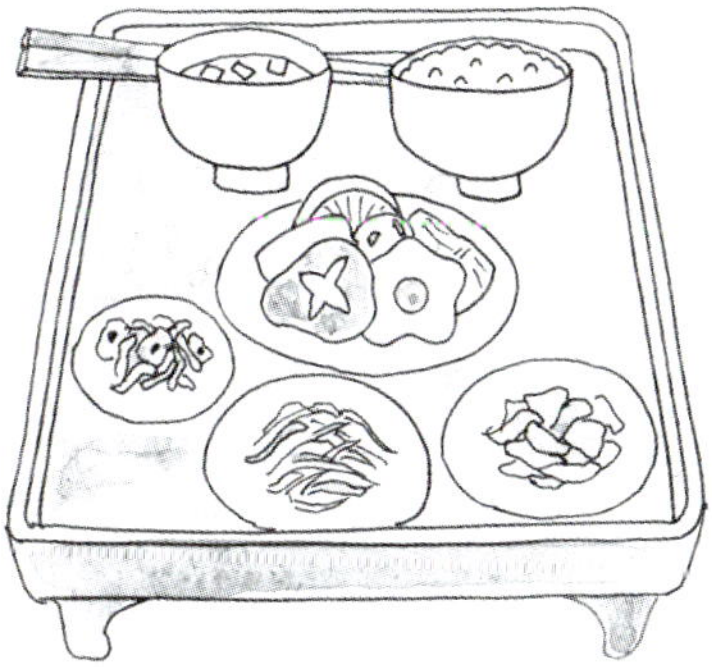

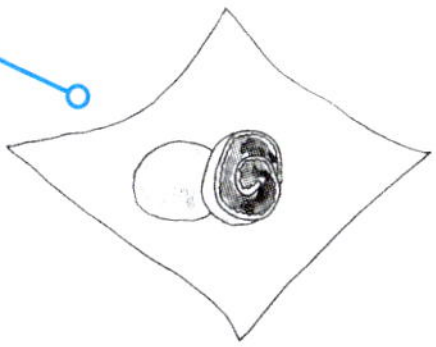

一昔前までは、ムイグワーシをウサンデーとして焼香客に出していましたが、最近ではあらかじめ別のムイグワーシを準備し、赤い紙に包んで土産として持たしているようです。

05 サンジュウサンニンチ

ウフスーコー

Check!

- **ウワイスーコー（終わり焼香《しょうこう》）となります。**
- **亡くなった人の霊は清められて神さまになります。**
- **スーコーの前日に「メーヒウグヮン（前日御願）」をする地域もあります。**

ウ ワイスーコーともいわれるように、**これが最後のスーコーとなります。** サンジュウサンニンチをすませた亡くなった人の霊はきよめられて、ウヤグヮンス（祖霊）の仲間に入り、残されたクヮッウマガ（子孫）の守り神になると信じられています。

◆お墓参り

ニ ジュウグニンチと同じように朝一番に仏だんにウチャトゥをあげて、ウートートゥした後で家族でお墓参りをします。

ウチャトゥをあげてからお祈りします。

●用意するもの

- ウチャトゥ
- 水
- 酒
- 花
- シルカビ
- ウチカビ
- カビバーチ
- 線香
- ウチャワキ

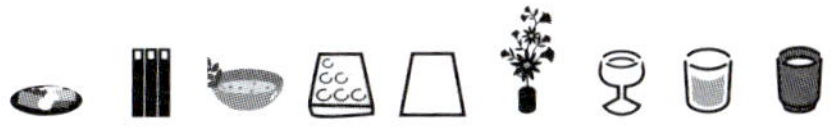

お墓の拝み方はニジュウグニンチと同じですが、ウチカビは33枚焚きあげます。

◆仏前にそなえるもの

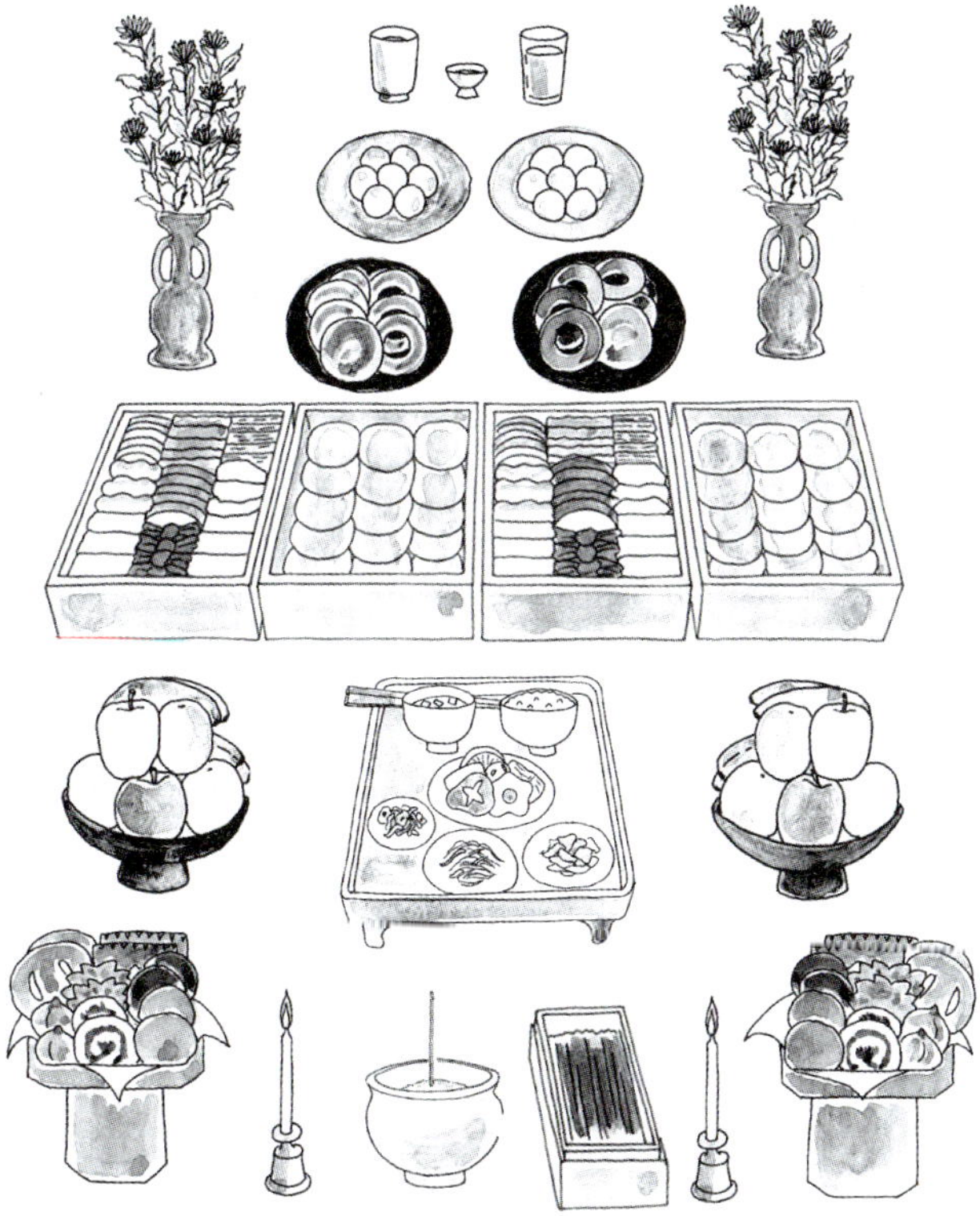

首里ではそのほかにティンジンのまんじゅうをおそなえするようです。

●重箱（チュクン）

ニジュウグニンチと同じで、もち重箱二箱とおかず重箱二箱です。

●お膳《ぜん》料理

ニジュウグニンチと同じように、お膳に精進料理・すまし汁・ウサチ・ミミガーさしみ・血イリチーをのせますが、ご飯は赤飯になります。

●ムイグヮーシ

ニジュウグニンチと同じです。

仏壇側

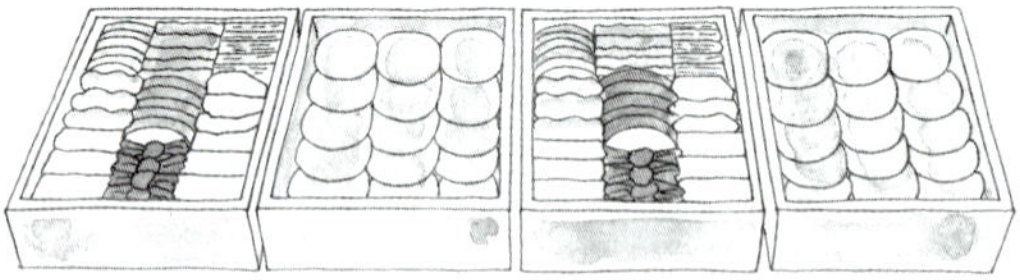

こんぶは祝い用の結びこんぶ。
こんにゃくのかわりに祝い用の田芋のから揚げ。
豚肉は皮を下にして詰める。

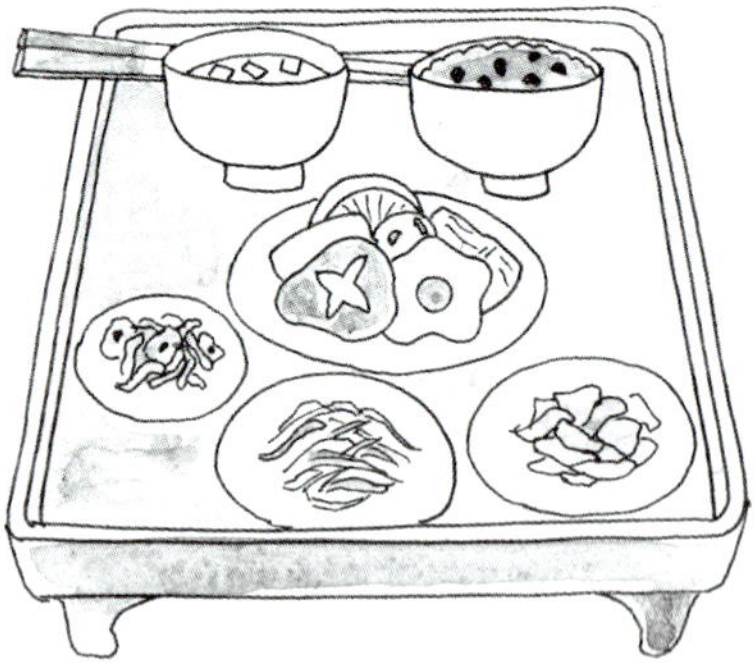

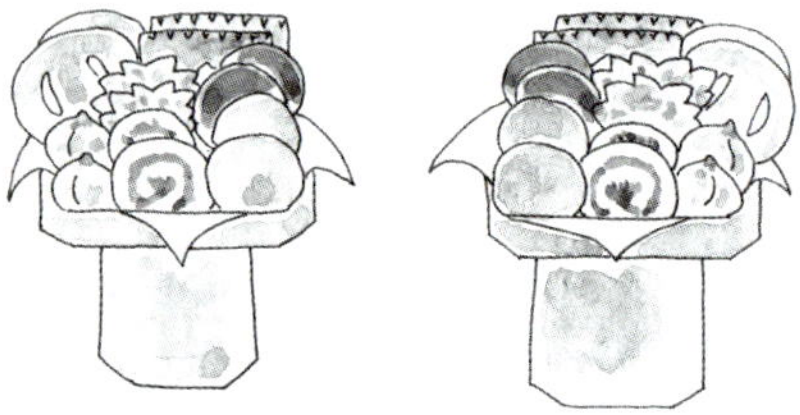

赤と白の模様の入ったコーグヮーシ、桃色のムムグヮーシ、赤まんじゅうなどを盛ります。

●ハーガー

ニジュウグニンチと同じです。

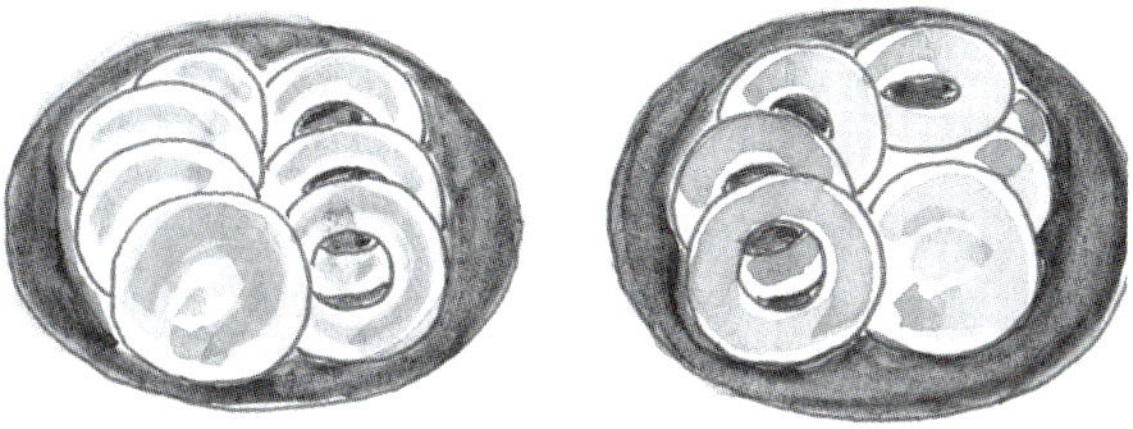

ミーフガーグヮーシ７個とヒーグヮーシ７個を２皿に分けて盛ります。

●ダーグ

ニジュウグニンチと同じです。

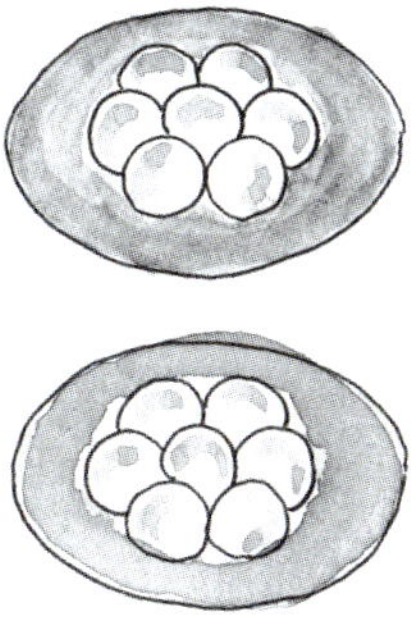

一皿に七個ずつ盛りつけます。

●ティンジンのまんじゅう

ニジュウグニンチと同じです。

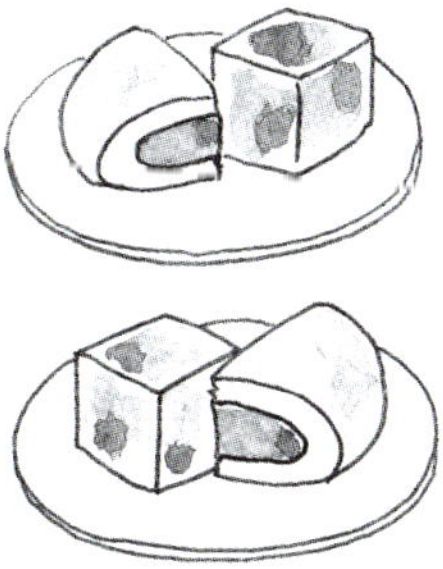

羊かんと赤まんじゅうを四つに切って小皿に盛りつけたものです。

古いしきたり

三十三年忌がすむと、石垣市石垣ではイフェーが焼かれ、ただ「帰眞霊位」と記された位牌にまつられます。本部町では五色の紙が焼かれ、その灰を香炉に入れる習俗がありました。いずれもウヤグワンスとなって守護神にかわる儀式とされていました。

●ウティンジカビ

仏の絵の描かれた赤い紙のことを「**ウティジンカビ**（ウモウシカミとも）」といいます。亡くなった人の霊はウティジンカビの煙にのって昇天し、神さまになると信じられています。ウティジンカビは**ウチカビといっしょに焚《た》きあげます。**

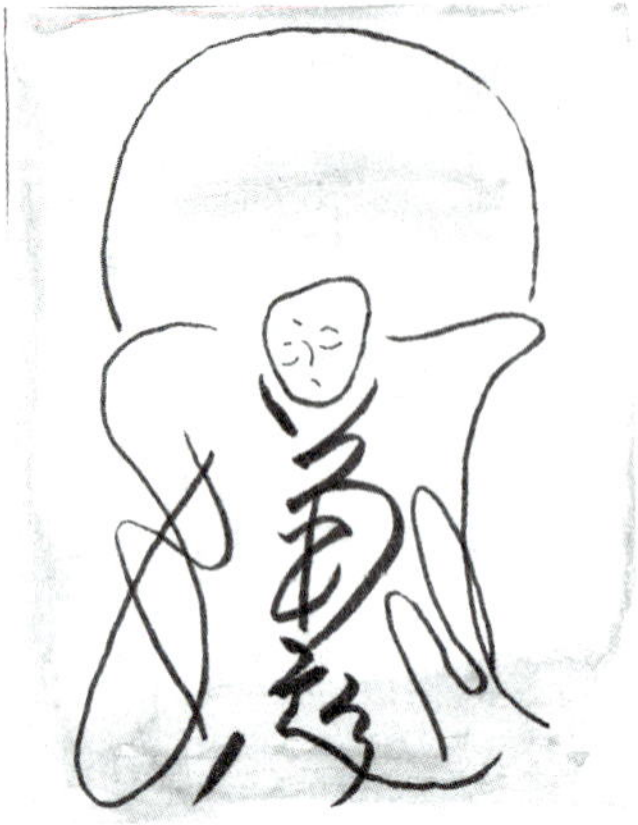

▶ウティジンカビ

ウティジンカビのかわりに「ナナハシヌカミ」（七橋の紙ー7つにきざんだ白紙）をそなえる地域もあります。また、ウティジンカビはヒヌカンの前、墓の前、家の外で焚きあげる地域もあります。

◆焼香客《しょうこうきゃく》に出す料理

ニジュウグニンチと同じです。

◆イフェー（位牌《いはい》）の焼却《しょうきゃく》

地域によっては、サンジュウサンニンチをすませた後、イフェーを焼いて始末するところがありますが、近年は、そのまま仏だんにまつるようになっているようです。

地域によっては、三十七年忌、五十年忌、百年忌をいとなむところもあるようですが、**ほとんどの場合は「サンジュウサンニンチ」でスーコーは最後となります。**

ウフスーコー（ニジュウグニンチとサンジュウサンニンチ）の日取りは、のばしても良いとされています。ウフスーコーの年が、主人の生年祝（トゥシビー）にあたる場合などです。

◆メーヒウグヮン（前日御願）

亡くなった者の霊が昇天《しょうてん》するのに必要な供物《くもつ》を、仏だんのある縁側《えんがわ》の上にそなえ（外にむけて）、サンジュウサンニンチの前の晩に御願します。メーニゲーあるいはウティンジウグヮンともよばれています。

◆そなえるもの

- 水・酒・ウチャトゥ（それぞれ七つずつ）
- 重箱（チュクン）
- 豚のチラガー（二つ）
- 若鶏または卵（二個）
- チチャーシウブン（赤飯）
- シラベーシ
- チリイユ・エビ・カニ（それぞれ七つの二組）
- 青菜と豆ふの和《あ》えもの（小皿に二皿）
- 九合花（四角の器に入れた米の上に古銭をのせる）
- 膳料理
- 若ヒチジ（二個）
- ウティンジカビ・シルカビ・ウチカビ

亡くなった人の霊の極楽往生《ごくらくおうじょう》を願うウグヮンだとされていますが、最近はやらない家が多くなったようです。

ニンチスーコーのウグヮンクトゥバ

●ウヤグヮンスの前（仏前）

ちゅうぬよかる日《ヒ》より　果報日《カフウナヒ》に　年忌《ニンチ》ぐとぅ（亡くなった人の名と年忌）
御願《ウグワン》うといちぢ　御《ウ》なかもち　でーびる（家の主人の名）
御《ウ》なさきに（祈る人の名）　うくとぅばぬうやぎでーびる
ちゅうぬ年忌《ニンチ》ぐとぅぬ　御《ウ》さぎもちでーびる（供物《くもつ》の名ーグリジン・精進《しょうじん》・ムイグヮーシ）
御請《ウニゲー》うといちぢ　さびらは　御天《ウテイン》ぢー　通《トウ》しめしょうち　うきといみしょうち
ふすくや　御代金《ミデージン》し　たれみしょうち

げらい　通《トゥ》しめしょうち　かない　通《トゥ》しめしょうち
くぬちねーぬ　御守《ウマムイ》ぬ　神とぅないみしょうち
御命《ウイヌチ》の綱《チナ》　いじよく　真《マ》じょく　御守《ウマムイ》めしょうちへ
子孫《クワウマガ》もたへい　栄《サカ》へい　めしゃうるよに　御守《ウマムイ》めしょり
うーとーとぅ　でーびる

●左神《ヒジャイガミ》への御願《ウグワン》（墓の前）

左ぬ神《ヒジャイヌカミ》に　御願うといちぢさびら
ちゅうぬよかる日《ヒ》より　まさる日に　年忌《ニンチ》ぐとぅ（亡くなった人の名と年忌）

御願《ウグワン》うといちぢ　御《ウ》なかもち　でーびる（家の主人の名）
御《ウ》なさきに（祈る人の名）　うくとぅばぬうやぎでーびる
ちゅうぬ年忌《ニンチ》ぐとぅぬ　御《ウ》さぎもちでーびる
御請《ウニゲー》うといちぢ　さびたん
ふすくや　御代金《ミデージン》し　たれみしょうち　御請《ウニゲー》でーびる　左ぬ神《ヒジャイヌカミ》がなしい
御酒《ウグシー》　御花米《ミハナグミ》　七《ナナ》しるぬあれん花　うび水　まーすまつり　世まつりの　しゅうぬ花
御うさぎてぃ　うちゃぬく　うさぎてぃ　御請《ウニゲー》さびらは
御天《ウティン》ぢー　通《トゥ》しめしょうち　御守《ウマムイ》めしょり
うーとーとぅ　でーびる

盆明けの厄払い「ヌーバレー」

昔の人はよく「盆の期間中はクヮッウマガ（子孫）の供養が受けられない無縁仏もウヤファーフジ（祖霊）とともにやってくるから気をつけなければいけないよ」などといったものです。そのため、各家では「ミンヌク」とよばれる無縁仏のための食材を用意しました。ミンヌクは里芋やさとうきび、野菜の切れはしなどを容器に入れて仏だんの下や玄関先に置きます。

子孫のもてなしを受けた祖霊はウークイの日にグーサンウージを杖替わりに、かかえきれないほどの土産をソーローンマ（精霊馬）に積んであの世へもどっていくといいます。考えてみると、何とも微笑ましい光景です。

ところが、無縁仏は祖霊のように帰るべきところはありません。村内をうろつき回ることになります。そこでウークイの翌日、村内を徘徊している無縁仏どもを追い払う行事が村々でおこなわれます。それが「ヌーバレー（野払い）」です。地域によっては「ハタスガシ」とよぶところもあるようです。

日中、ドラや太鼓をたたいて村に残っているかもしれない無縁仏を追っ払います。祈願行事をすませたあと、アシビナーなどで村芝居をしたり、エイサーや獅子舞で村内を清めたりします。

第6章　墓参り

01 ジュウルクニチー（十六日祭）

Check!

- **クヮウマガ（子孫）の家族一同が集まり祖先を供養《くよう》する祭りです。**
- **グソーヌショウグヮッチ（後生の正月）ともよばれています。**

旧暦の一月十六日になると、ほぼ沖縄全域で「**ジュウルクニチー**」とよばれる祖先祭りがおこなわれます。

クヮウマガの家族が一同に集まり、祖先におそなえものをし、みなでウサンデーをして団らんをする行事で「**グソーヌショウグヮッチ**」ともよばれています。

亡くなってから一年以内の祖先のためのまつりは「**ミージュウルクニチー**（新十六日）」、あるいは「**ミーサー**（新霊）」といって、必ずお墓参りをしてその霊をなぐさめます。

宮古・八重山地方では、年中行事の中でももっとも大きな祭りとされ、島外に住んでいる人たちもこの日のために帰省することが多いのです。帰省できない人たちが那覇のミーグスク（三重城）で供物《くもつ》を並べ、ふるさとにむかって祈る姿は、那覇の風物詩《ふうぶつし》ともなっています。

◆お墓参り

お墓参りをせずにトートーメーだけの拝みですます地域もありますが、ミーサーのある家では必ずお墓参りがおこなわれます。

●用意するもの

- ☑ウチャトゥ
- ☑水
- ☑酒
- ☑花
- ☑重箱（チュクン）
- ☑果物
- ☑線香
- ☑シルカビ
- ☑ウチカビ
- ☑カビバーチ

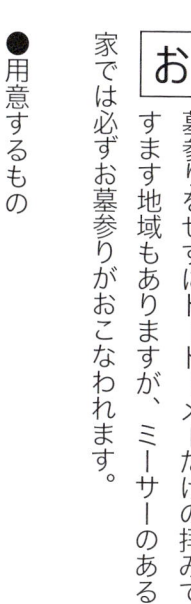

●重箱（チュクン）

那覇・首里では重箱料理チュクンをそなえるのが基本になっています。

チュクンは白もち15個（3×5）を詰めた重箱二箱とおかず9品を詰めた重箱二箱です。

重箱は法事用（スーコー）の盛りつけにします。カマボコは白カマボコ、こんぶは返しこんぶ、豚の三枚肉は皮を上にして盛りつけます。

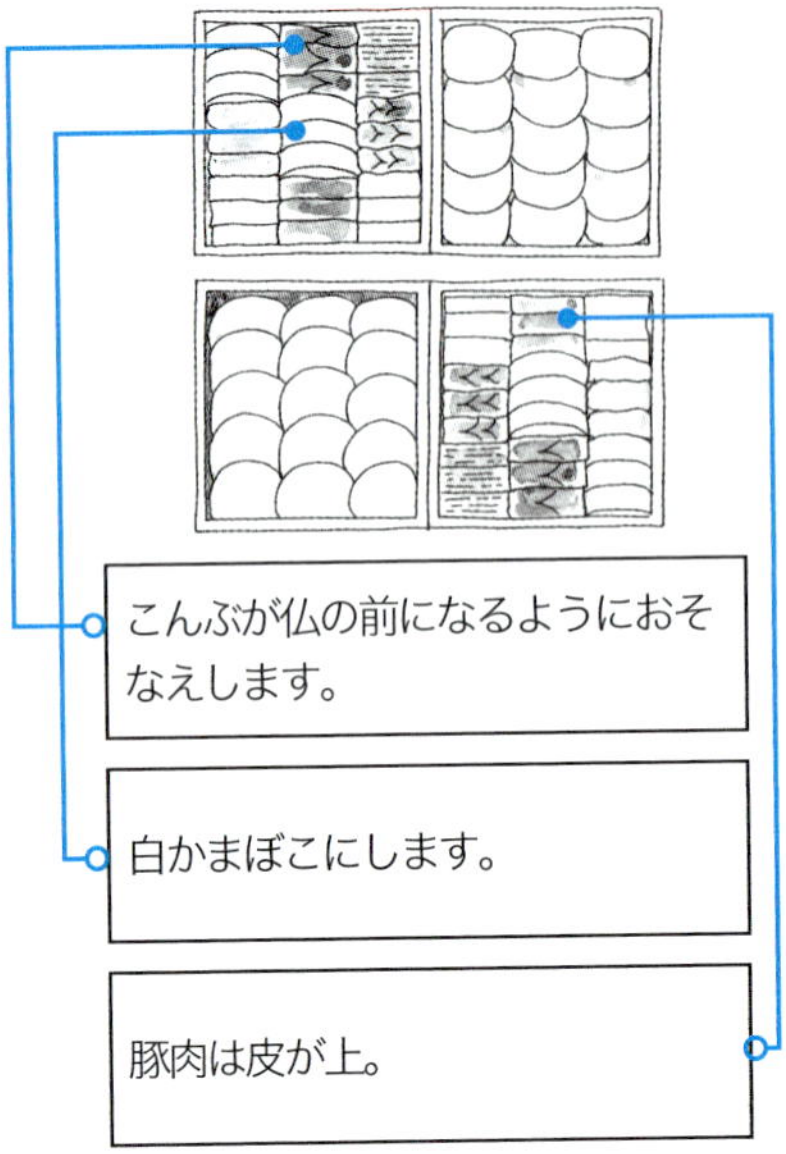
こんぶが仏の前になるようにおそなえします。
白かまぼこにします。
豚肉は皮が上。

供物をおそなえし、一同がウコー（線香）をたむけウチカビを焚《た》きあげてウサンデーをします。歓談《かんだん》をし、三線《サンシン》をひいて祖先の霊をなぐさめます。

古いしきたり

ミージュウルクニチーには「ミグイドゥール（廻《まわ》り燈籠《とうろう》）」を二個つくり、仏だんの両はしに飾り、焼香《しょうこう》の後に墓で焼くという風習がありました。また、供物《くもつ》といっしょに「コールルー」とよばれる巻香をそなえるところもありました。

02 シーミー（清明祭）

Check!

- **中・南部を中心に盛大な墓前祭がいとなまれます。**
- **墓の前でごちそうを食べる風景は、沖縄の春の風物詩ともなっています。**

旧暦の**清明の節入りから明け**にかけて、適当な日を選び（最近は日曜日が多い）おこなわれます。

お墓の前におそなえする料理を詰めた重箱、果物、酒などを持って家族やお墓を共有する一族が集まり、**祖先を供養するための祭り**をいとなみます。

お墓の前でみなで供物《くもつ》をウサンデーする風景は、沖縄の春の風物詩《ふうぶつし》ともなっていますが、沖縄独特の墓の形とならんで、本土の文化には見られない墓前祭です。

お墓参り

シーミー（ウシーミーとも）は祖先供養《くよう》の祭りでもありますが、**祝いごと**でもあります。そのため、お墓におそなえする供物も**色はなやかなものになります**。

もち重箱には白もちのほか、**黒砂糖を入れた茶色のもち・あんの入った赤いもち**（白いあんもちは使わない）などを詰めます。

おかず重箱のかまぼこには9品、もしくは7品を詰め、かまぼこは**赤かまぼこ**を使います。

●用意するもの

- ☑ ウチャトゥ
- ☑ 水
- ☑ 酒
- ☑ 花
- ☑ 重箱（チュクン）
- ☑ 菓子
- ☑ 果物
- ☑ 線香
- ☑ シルカビ
- ☑ ウチカビ
- ☑ カビバーチ

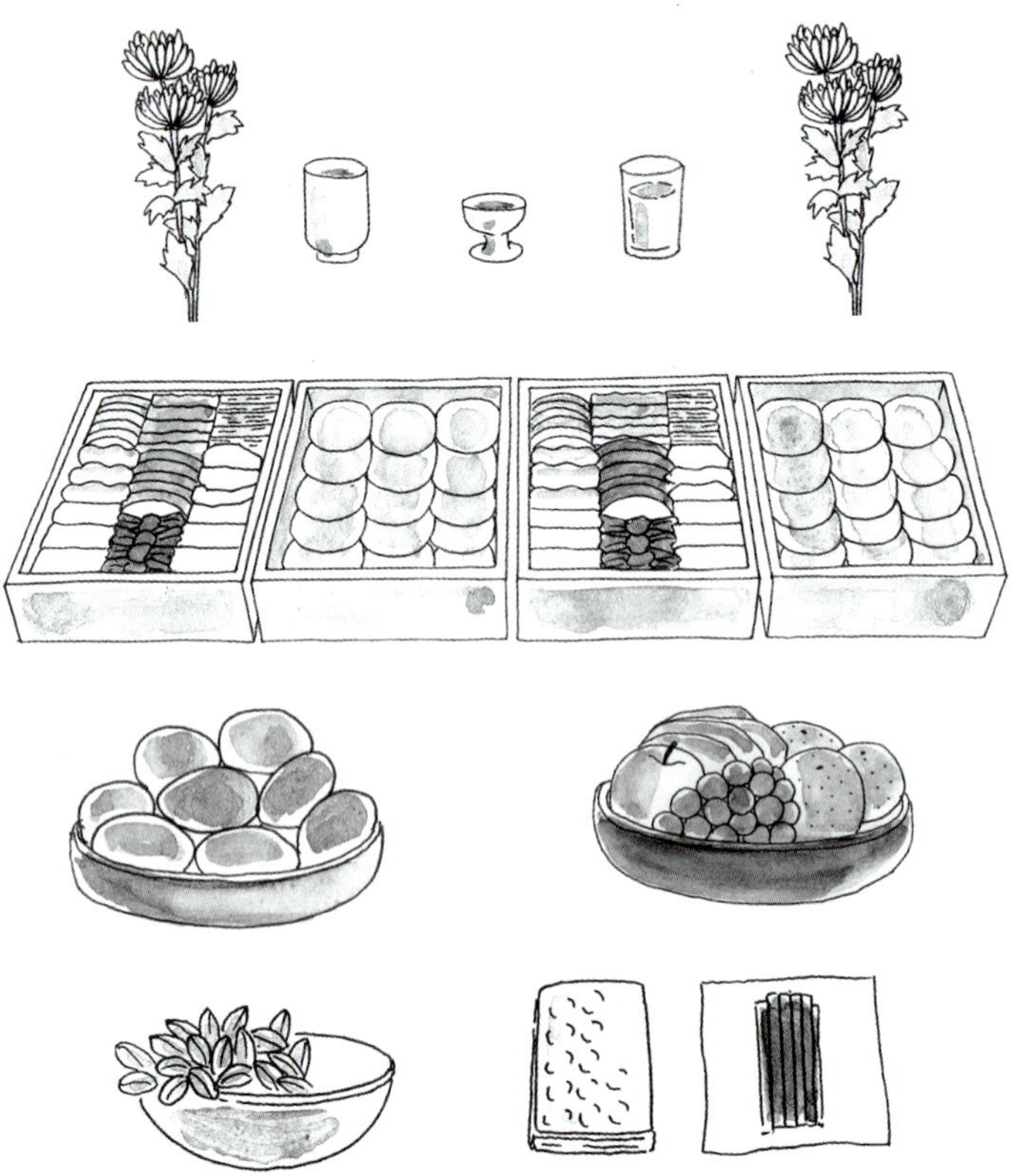

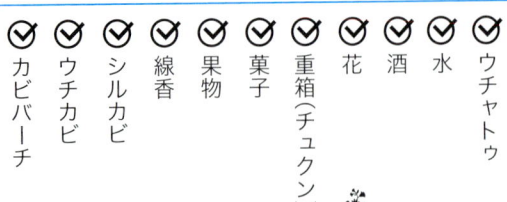

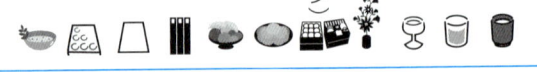

●果物（季節の果物を盛りつけたもの）

●菓子（色のついた菓子を盛りつけたもの）

◆拝み方

❶まずはじめに「**ヒジャイヌカミ**」（土地の神）へ重箱をおそなえして拝みます。

❷その後にそれぞれの重箱から一品につき二個ずつおかずを取り出して新しいものと入れかえて、墓口（祖先）におそなえします。

❸そして集まった人全員が三本ウコー（二分の一ヒラ）を拝し、ウチカビを焚《た》いて、ウヤグヮンスへの感謝の気持ちをささげます。

❹それから、これからも「**ミーマントゥーティサケーラチ　ウタビミソーリ**」（見守って　繁盛させて　くださいますように）と手を合わせます。

❺墓の前にゴザを敷き、そなえものを配り、会食し、残ったものはおみやげとして家に持ち帰ります。

ウチジヘイシ

重箱に盛りつけた中から、初《ハツ》(手をつけていないもの)を取り出して上におき、ウートートゥします。その後取り出した分だけつぎ足して墓口でウートートゥします。そのつぎ足し分を「**ウチジヘイシ**」といいます。

◆ムンチュウシーミー・カミウシーミー

ジュウルクニチーが沖縄全域でいとなまれるのに対して、シーミーは本島を中心におこなわれ、久米島や宮古・八重山では旧士族層以外では行なわれていませんでした。

同族の一門が宗家（ムートゥヤー）の墓に集まり、祖霊を供養するのを「ムンチュウシーミー」といいます。

また、先祖ゆかりの墓などを巡拝することを「カミウシーミー」といいます。

03 タナバタ（七夕）

Check!

- 先祖に盆の案内をかけるためにお墓参りをします。
- 「日《ひ》無《な》し」とされ、日取りに関する制約がとりはらわれる日といわれます。

旧暦の七月七日はタナバタの日です。その日は、それぞれの家庭ではお墓参りをし、お盆が近づいたことを先祖に報告し案内をよびかけます。

お墓まわりをきれいに掃除をして、花とウチャトゥをおそなえし、香《こう》をたむけて拝《おが》みます。

本土でおこなわれている「**七夕行事**」（牽牛星と織女星に婦女子が技芸の上達を祈願する）」との関連性はなく、沖縄ではもっぱら祖先を供養《くよう》する行事の一つとしていとなまれています。

昔から、墓の移動やイフェー（位牌）の書きかえなどは「**タナバタ**」か「**ユンヂチ**（閏月《うるうづき》）」におこなうべきだとされてきました。

タナバタは「**日無し**」とされて、日取りに関する制約がとりはらわれる日とされ、「**吉日**」と考えられています。

ユンヂチは五年に二回の割合でめぐってきますが、タナバタと同じように墓の移動、イフェーの書きかえや取りかえが日取りなしにできる月だとされています。詳《くわ》しくは（スーコー・トートーメーのQ&A 207〜208ページ参照）

門中《ムンチュウ》の変化とイフェーの継承《けいしょう》

門中が組織されるようになったはじめのころ（一六〇〇年代の終わりから一七〇〇年代にかけて）は、同じ父方の血筋《ちすじ》をひかない門中（他系）からでも、養子をとってヤー（家）をつがせることがひんぱんにおこなわれていました。したがって、イフェーをつがせるにも「**タチーマジクイ**」※p185参照などという**タブー（禁忌《きんき》）はなかった**のです。父方の血筋をひかない者が養子《ようし》あるいは婿養子《むこようし》となって、祖先のイフェーを継承することもゆるされていました。

　ところが、沖縄の門中がいつの間にか、同じ父方の血筋をひく者（シジのある者）でなければその成員《せいいん》になれないというふうに変わってきたのです。そうなると、「**シジのない者（血筋のない者）**」は**門中として認められない**ということになり、それが現在までつづいています。

　当然、イフェーの継承でも「**シジのある者**」という絶対の条件がつけられるようになってきたのです。

　かつて、門中の外（他系）から養子をとった家では、養子のあとにつらなる祖先のイフェーは「**正しい祖先**」としてまつるが、それより前の祖先は父方の血筋が異なる（タチーマジクイ）としてまつるべきではないとされているようです。

葬儀が終わってから行う手続き

すぐに行う手続き

年金受給の停止手続き

故人が年金（国民年金や厚生《こうせい》年金など）をもらっていた場合は、**死亡にともない受給を停止する手続きをとらなければなりません。**

停止手続きは国民年金の場合、「**本人の死亡から14日以内**」となっています。居住地の所轄《しょかつ》の役所・もしくは年金事務所・年金相談センターに「**年金証書**」・「**年金受給権者死亡届**」・「**未支給請求書**」を提出します。また、その際に死亡の事実を確認できる書類も必要になります。具体的には死亡診断書のコピーや住民票の除票《じょひょう》などです。

厚生年金の場合は**本人の死亡から10日以内**に手続きを行う必要がありますが、故人が会社員であった場合は会社が手続きを行ってくれることが多いので、会社には速やかに連絡しましょう。

●手続きに必要な書類

- ✓ 年金証書
- ✓ 年金受給権者死亡届※
- ✓ 未支給請求書
- ✓ 死亡の事実を確認できる書類

用紙は、役所の国民年金の窓口にあります。

※日本年金機構にマイナンバーが収録されている場合は不要

健康保険の手続き

健康保険に加入していた人が亡くなった場合、被保険者としての資格を失うため、健康保険証は**死亡した翌日から使えなくなります。**資格喪失《そうしつ》の手続きをして、すみやかに返却しましょう。

国民健康保険の場合は、国民年金と同じく本人の死亡から14日以内の手続き、健康保険・もしくは**厚生年金保険《こうせいねんきんほけん》**の場合は5日以内の手続きが必要ですが、厚生年金保険など会社員が加入しているものに関しては、おおむね会社側で手続きを行ってくれるケースが多いようです。

また、故人が国民健康保険の被保険者で、世帯主《せたいぬし》であった場合、**世帯内全員の保険証を返却して差し替えしてもらう必要があります。**

手続きは市区町村役場にて。保険証と死亡を証明するもの、世帯主の印鑑（認め印）と手続きを行う人の本人確認資料を持参しましょう。

●手続きに必要なもの

- 国民健康保険資格喪失届※1
- 保険証（世帯主が亡くなった場合は家族全員）
- 死亡の事実を証明する書類
- 世帯主の印鑑
- 手続きを行う人の本人確認資料
- 個人番号（マイナンバー）確認資料 ※自治体による

※1 市区町村によっては死亡届の提出により、不要になる場合もあり

故人の健康保険の扶養《ふよう》に入っていた家族は、**故人と同様に資格を喪失します**ので、保険証の返却を行うとともに、なるべく早く国民健康保険に加入しなければなりません（他の家族の被扶養者となる場合は、そちらの健康保険に再度加入）。

国民健康保険の加入手続きは、市区町村役場にて。手続きをする人の印鑑と、健康保険の資格喪失《そうしつ》証明書を持参しましょう。

なお、健康保険の手続きを行う際に、後述《こうじゅつ》する「**葬祭費の申請**」も併せて行うと、何度も往復する手間を省けます。

世帯主の変更手続き

故人が世帯主であった場合で、残りの世帯員が二名以上（世帯主になれる世帯員）いる場合は、「**世帯主変更届**」の提出が必要になります（世帯主に変更が生じた日から14日以内）。

「**世帯主になれる世帯員**」とは、配偶者、もしくは15歳以上の子どもです。例えば妻と夫の二人世帯、もしくは妻と夫、5歳の子どもの三人世帯において夫が亡くなったケースでは、世帯主になれるのが妻だけであることが明白なため、**自動的に世帯主が変更されます**。したがって世帯主変更の手続きや申請は不要です。

しかしながら、世帯主の変更が必要であるにも関わらず変更届を14日以内に提出しなかった場合は**住民基本台帳法《じゅうみんきほんだいちょうほう》違反**となり、過料を科されるケースもありますので、不明な場合は問い合わせてみましょう。窓口は各市町村役場になります。

変更手続きに必要なものは、届出書（窓口にて入手）、印鑑、国民健康保険証（加入者のみ）、運転免許証などの届出人の身分証明書です。代理人の場合は委任状《いにんじょう》と代理人の本人確認資料も用意しましょう。

● 手続きに必要なもの

- 世帯主変更届
- 国民健康保険証（加入者のみ）
- 届出人の印鑑
- 届出人の身分証明書※（写真付きのものが望ましい）
- 委任状（代理人の場合）
- 代理人の本人確認資料（代理人の場合）

※写真付きの身分証明書がない場合には、複数の書類を要求されます。

併せて行いたい手続き

葬祭費《そうさいひ》・埋葬料《まいそうりょう》の手続き

国 民健康保険、もしくは後期高齢者保健に加入していた方が亡くなった場合、葬儀を行った人に対して「**葬祭費**」が支給されます。

金額は自治体によって違いますが、沖縄の場合は**おおよそ2万円～5万円ほど**が支給されるようです。申請期限は葬式を行ってから2年以内と長いのですが、自治体の窓口に保険証の返還を行う際などに案内されることが多いようですので、ついでに併《あわ》せて申請すると、二度手間にならないでしょう。

申請には葬儀の日や喪主名が確認できる書類（**葬儀社の領収書、会葬礼状など**）が必要になりますので、葬式の後も捨てずに保管しておくことが必要です。

なお、「**葬祭費**」ですので火葬のみなど、葬祭を行わなかった場合には支給されないので注意が必要です。

故人が会社員などで健康保険に加入していた場合は、「**埋葬料**《まいそうりょう》」の支給があります。

こちらは定額で5万円が支給されます。

申請を行うのは、故人に生計を維持されていた人で、**埋葬を行った人**です。埋葬料の申請ができる人がいない場合は、実際に埋葬を行った人に埋葬料（5万円）の範囲内で「**埋葬費**」が支給されます。

「埋葬料」に関しては葬儀を行ったかどうかに関わらず支給されます。「埋葬費」は実際に埋葬に要した費用になるので、葬祭費と同様に領収書や明細書が必要になります。

申請の窓口は故人の勤務先が加入していた健康保険組合・年金事務所などです。

申請の期限は、埋葬料の場合は**死亡した日の翌日から2年**、埋葬費の場合は**埋葬をした日の翌日から2年**です。

●手続きに必要なもの（葬祭費）

- ✓ 申請書
- ✓ 死亡診断書のコピーなど、死亡が確認できる書類
- ✓ 故人の国民健康保険証
- ✓ 申請人の印鑑
- ✓ 喪主名や葬儀の日を確認できるもの（領収書など）
- ✓ 給付金の振込先となる金融機関の預金・貯金通帳の口座番号の控え

●手続きに必要なもの（埋葬料）

- ✓申請書
- ✓死亡診断書のコピーなど、死亡が確認できる書類
- ✓申請人の印鑑

被扶養者以外の家族が埋葬料を申請する場合

- ✓住民票（故人と申請者が記載されているもの）
- ✓定期的な仕送りの事実が分かる預貯金通帳や現金書留の写し
- ✓故人が申請者の公共料金を払ったと分かる領収書の写し

埋葬費を申請する場合

- ✓埋葬に要した費用の領収書
- ✓埋葬に要した費用の明細書

速やかに行う手続き

準確定申告

個人事業を営んでいた人など、生前に確定申告を行っていた人が亡くなった場合、相続人が代わりに所得税の**準確定申告**を行う必要があります。期限は**故人が死亡した翌日から4カ月以内**です。

ただし、故人が年金所得のみで生活していた人など、もともと確定申告の必要がない人の場合は、申告は不要です。

また、会社の従業員など給与所得者の場合、原則として会社が源泉徴収と年末調整をおこなうため、準確定申告は不要です。ただし、二箇所以上から給与をもらっていた場合や、年収が二千万を超えていた場合などは、準確定申告の必要が生じ

ます。

申告書の書き方は通常の確定申告書とほとんど変わりません。

提出先は管轄の税務署となります。

銀行口座の凍結

故人が銀行や信用金庫など、金融機関に預貯金の口座を持っていた場合、名義人が死亡したことを金融機関に知らせる必要があります。

金融機関は新聞の訃報欄《ふほうらん》、遺族からの申し出などから名義人の死亡を知ると、**その時点で口座を凍結します。**口座が凍結されると遺産分割が終了して、手続きが完了するまでお金が引き出せなくなります。

そうなると葬儀の費用なども支払いができなくなるケースがあるため、2019年の民法改正により、必要な書類を揃えれば、簡易な手続きで上限150万円まで相続人による引き出しができるようになりました。

とはいえ、手続きには時間がかかるため、葬儀の費用などは**可能であれば相続人の方で事前に準備できるようにしておくと安心です。**

また、故人の口座で公共料金の引き落としがある場合は、凍結の前に**引き落とし口座の変更など、支払方法の変更を行いましょう。**

一時的な引き出しではなく、預貯金を相続財産として払い戻しするには、相続手続きを終えた上で、預金の相続に必要な書類を揃えて提出する必要があります。書類は遺言書や遺産分割協議書の有無など、**相続のケースにより異なります。**

金融機関専用の書類には、多くの場合相続人全員の署名と押印が必要になります。

このように払い戻しの手続き＝**預貯金の相続手続きにはある程度の時間がかかる**ことを見越しておいた方がよいでしょう。

解約、名義変更などの手続き

故人が一人暮らしであった場合、**電気・ガス・水道などの解約が必要となります。**
また、故人の名義で契約していたものを同居している家族が引き続き使う場合は、**名義変更が必要となります。**引き落とし口座の変更も忘れずに行いましょう。

携帯電話の解約は携帯電話ショップの窓口かカスタマーセンターまで。故人の死亡を確認できる書類が必要となります。

固定電話の電話加入権《でんわかにゅうけん》は、名義を変更することによって**電話加入権を引き継ぐ**ことになります。

手続きには故人の死亡が確認できる資料（死亡診断書のコピーなど）と相続関係が確認できる書類（戸籍謄本《とうほん》など）が必要になります。手続きの際には契約する人の本人確認書類・印鑑も持参しましょう。

クレジットカードは会社によって手続きが違いますので、問い合わせて確認しましょう。未払い金などがあれば、相続人に請求が行きますので注意が必要です。

その他に多くの人が加入しているものとしては**インターネット**、またそれに付随した**動画配信サービス**などがあります。インターネットプロバイダの中には名義変更ができないものもあります。その場合には解約手続きが必要となります。必要な書類などは各社に確認しましょう。

各種証明書などの返却手続き

印鑑登録証明書、住民基本台帳カード、個人番号カード（マイナンバーカード）・通知カードに関しては、個人の死亡届が受理されると自動的に失効・廃止手続きがなされます。

返却する場合は故人の住所地の市区町村役場まで。

運転免許証とパスポートに関しては、**有効期限が過ぎれば失効**するので手続きは不要となりますが、**紛失・盗難時の悪用を防ぐ**ためにも返納することが望ましいとされています。

運転免許証は最寄りの警察署、もしくは運転免許センターへ、パスポートに関しては都道府県のパスポートセンターへの返却となります。

免許証とパスポートを返却しなかった場合の罰則等は特にありません。

併せて行いたい手続き

自動車の名義変更

自動車は故人が亡くなると同時に、**相続人全員の共有財産**となります。ですから、代表相続人として、誰か一人が単独で相続する場合は、遺産分割協議が終了して**相続人が確定した後**となります。共同相続として、相続人全員で相続をすることもできますが、その場合は相続人全員の印鑑証明や実印が必要になります。

なお、譲渡や売却、廃車にする場合でもいったんは名義変更の手続きが必要となります。

窓口は所轄《しょかつ》の**陸運局**《りくうんきょく》、軽自動車であれば「**軽自動車検査協会**」となります。

提出する書類は窓口で取得する「**移転登録申請書**」のほか**自動車検査証（車検証）**や被相続人（亡

くなった方）の**除籍謄本《じょせきとうほん》**、相続人の**戸籍謄本**、**印鑑証明書**などが必要となります。

そのほかにも遺産分割協議書《いさんぶんかつきょうぎしょ》や車庫証明、自動車税・自動車取得申告書など、こまごまとしたものが必要になってきますが、**単独名義か共同名義か**、車種が**普通乗用車か軽自動車か**でも必要書類は変わってきます。例えば軽自動車の場合は、普通自動車よりも手続きは若干簡易的になっています。

手続きを行う時間がない場合、難しくて自分ではできない、といった場合は**行政書士《ぎょうせいしょし》**や**中古車ディーラー**、**買い取り業者**などに代行してもらうこともできます。

ただし、**必要な書類は自分で揃えないといけない**点と、**費用がかかる**点に注意しましょう。

少し落ちついたら行う手続き

高額療養費《こうがくりょうようひ》の手続き

高額療養費とは、国民健康保険、後期高齢者医療制度、被用者保険（健康保険）の加入者が病院・薬局で同一月で支払った額が、**一定の金額を超えた場合に、その超えた分の払い戻し請求をできる制度**です。

本人の死亡後に請求することもできますが、対象となるのはあくまでも**保険対象の診療に対して実際に支払った自己負担額**で、保険外の治療や差額ベッド代、入院中の食事代などは対象外です。

申請の期限は**診療を受けた翌月から二年以内**となっています。申請先は、国民健康保険加入者と後期高齢者医療制度の加入者は市区町村役場の担当部署まで。被用者保険（健康保険）加入者は全国健康保険協会または健康保険組合の事務所までとなります。

申請書は通常、医療費を支払った2〜4カ月後に通知書とともに送られてきます。申請書の提出時に必要なものは、健康保険証、印鑑、個人との続柄《つづきがら》がわかる戸籍謄本など、自己負担した医療費の領収書などです。

高額療養費制度の毎月の自己負担限度額は、70歳未満か70歳以上かで変わってきます。また所得によっても計算が変わってきますので、細かい条件などは、厚生労働省のホームページなどを参考にしましょう。

全国健康保険協会（協会けんぽ）のサイトは、条件や自己負担限度額についてわかりやすく説明されており、実際に料金のシミュレーションもできます。

なお、個人情報（個人を特定できるもの）を入力させるようなサイトは、フィッシング（詐欺）サイトの可能性もあるので注意が必要です。

保険金の受け取り手続き

生命保険は**受取人が請求手続きをかけない限りは支払われません**。請求手続きをかけないまま三年が経過すると、時効によって保険金請求の権利が消滅してしまいます。

まずは保険証券を探して、契約内容を確認しましょう。通常、死亡保険金の受取人が指定されている場合、保険金は相続財産とならず、遺産分割の対象とはなりません。

ただし、相続税法《そうぞくぜいほう》上は「**みなし相続財産**」となりますので、額によっては相続税の課税対象となります。

通常の生命保険金請求のために必要とされ

る書類には、次のようなものがあります。

- 保険証券
- 死亡保険金請求書（保険会社指定）
- 被保険者の住民票（除住民票）
- 受取人の戸籍謄本（抄本）
- 受取人の印鑑証明
- 死亡診断書、または死体検案書

事故や災害の場合

- 保険会社が指定する事実確認書類

医師の診断書（死亡診断書など）をコピーで提出する場合は、医療機関や他の保険会社による原本証明（押印）が必要になります。**保険会社によっては、原本の提出が条件になっている場合もありますので**、注意が必要です。

保険会社は提出された書類を審査して、支払の可否を決めます。

問題がない場合、提出書類を保険会社が受理してから原則として5営業日以内に支払がおこなわれます。

遺族年金・死亡一時金などの手続き

遺族年金とは、一家の働き手（世帯の生計を担っていた人）が亡くなった場合に、生活に困らないように金銭面で支える仕組みです。

遺族年金には**遺族基礎年金**《いぞくきそねんきん》（国民年金：自営業など）と**遺族厚生年金**《いぞくこうせいねんきん》（厚生年金：会社員など）の二種類があり、受け取るための要件があります。

受け取ることができる金額は、故人が加入していた年金の種類、故人と遺族の続柄や年齢などによって変わってきます。

また、国民年金の加入者であれば遺族基礎年金の他にも「**寡婦年金**《かふねんきん》」「**死亡一時金**《しぼういちじきん》」といった支給金がありますが、受給できるのは遺族基礎年金を含めたどれか一つです。

●遺族基礎年金

遺族基礎年金を受給できるのは、国民年金に加入していた故人によって生計を維持《いじ》されていた「**子のある配偶者**」もしくは「**子（遺児）**」です。

「**生計を維持されていた**」とは故人と生計を同一にしていた人で、「**年収850万円を将来にわたって得られない人**」を意味します。

ただし、死亡当時の年収が850万円以上であっても、おおむね5年以内に年収が850万円未満になると認められる人は対象者になります。

「**子**」は結婚をしていないこと、かつ18歳の誕生日の属する年度末まで、もしくは20歳未満で障害（1級・2級）があることが要件です。**子が対象年齢に達すると受給権が消滅します。**

また、亡くなった方については、次の三つのうちのいずれかに該当している必要があります。

❶国民年金の被保険者である間に死亡したとき
❷国民年金の被保険者だった60歳以上65歳未満の人で、日本国内に住所がある人が死亡したとき
❸老齢年金の受給権者だった、もしくは老齢年金の受給資格期間を満たしていた

さらに、保険料の納付期間、未納がないかなどの条件もあります。

申請は故人が死亡した日から5年以内、申請先は市区町村の国民年金担当窓口となります。ただし、死亡日が国民年金第3号被保険者期間中の場合は、最寄りの年金事務所となります。

●主に手続きに必要なもの

- ✓遺族基礎年金の請求書（年金事務所窓口・もしくは日本年金機構のウェブサイトからダウンロード）
- ✓故人と請求者の年金手帳
- ✓世帯全員の住民票の写し
- ✓戸籍謄本（全部事項証明書、死亡した日以降のもの）
- ✓死亡届記載事項証明書、もしくは死亡診断書のコピー
- ✓請求者の認め印と通帳などの振込先の口座番号を確認できるもの

添付書類については、死亡原因や世帯構成などにより変わってくるので、あらかじめ年金事務所や市町村役場の年金課に問い合わせておきましょう。

●寡《か》婦《ふ》年金

寡婦年金とは、**遺族基礎年金を受給する権利のない妻に支給される、国民年金独自の給付**です。受給できるのは、**故人と10年以上継続して婚姻関係にあった65歳未満の妻**で、故人である夫に関しても次の二つの要件を満たしていることが必要です。

❶**国民年金の第1号被保険者として保険料を納めた期間が10年以上ある（免除期間を除く）**

❷**老齢基礎年金、障害基礎年金を受けずに亡くなった**

また、夫の死亡時に妻が繰り上げの老齢基礎年金をもらっていた場合も寡婦年金の請求はできません。

受給期間は、**妻が60歳から65歳になるまでの5年間**で、60歳を過ぎてから寡婦年金の受給資格を得た場合でも、その時点から65歳に達する月までの給付となります。

申請は故人が死亡した翌日から5年以内。手続きは市町村役場の国民年金窓口まで。

提出する書類は「**寡婦年金裁定請求書**《かふねんきんさいていせいきゅうしょ》」をはじめ、夫と妻の年金手帳などいくつかありますので、あらかじめ年金事務所、もしくは市町村の年金課まで問い合わせてみましょう。

●死亡一時金

死亡一時金は、**国民年金の第1号被保険者が、保険料を3年以上納めていながら、老齢基礎年金・障害基礎年金のいずれも受け取らずに亡くなった場合、その遺族に支給されるもの**です。保険料を納めた年数によって支給されるもので、寡婦年金と同じく国民年金独自の給付となっています。

この一時金は受給者の年齢や収入に関係なく支給されますが、受け取る遺族は、故人の死亡日の時点で故人と生計を同じくしていた人に限られます。

また、受給できる遺族の範囲と優先順位は、**❶配偶者❷子❸父母❹孫❺祖父母❻兄弟姉妹**となっています。

申請は**故人が死亡した翌日から2年以内**。手続きは市町村役場の国民年金窓口まで。

提出する書類は「**死亡一時金裁定請求書**」をはじめ、寡婦年金と同様に夫と妻の年金手帳などいくつかありますので、あらかじめ年金事務所、もしくは市町村の年金課まで問い合わせてみましょう。

なお、寡婦年金を受け取る場合は、死亡一時金の受給権を失います。また、遺族基礎年金を受けられる場合も、死亡一時金は支給されません。**受給できるのはどれか一つ**であることに注意しましょう。

●遺族厚生年金

遺族厚生年金は、会社員や公務員など厚生年金に加入していた方が亡くなった際に遺族が受給できる遺族年金です。

受給できるのは遺族基礎年金と同じく、故人によって生計を維持されていた遺族で、「**年収850万円を将来にわたって得られない人**」です。

遺族基礎年金と違って妻や子以外でも受給できますが、その範囲と優先順位は次のように決まっています。

---

❶妻、55歳以上の夫、子 ❷55歳以上の父母 ❸孫 ❹55歳以上の祖父母

また、亡くなった方については、次の四つのうちのいずれかに該当している必要があります。

❶厚生年金の被保険者である間に死亡したとき

❷厚生年金の被保険者である間に初診日がある病気やけがが原因で、その初診日から起算して5年以内に死亡したとき

❸障害の等級（程度）が1・2級の障害厚生年金をもらっている人が死亡したとき

❹老齢厚生年金の受給権者、または受給資格期間（25年）を満たしている人が死亡したとき

❶と❷に該当する場合は、**死亡月の前々月までに加入すべき期間のうち3分の2以上が保険**

料納付済期間であることが要件です。ただし、2026年3月31日までの経過措置として、65歳未満で死亡月の前々月までの1年間に保険料の未納がない場合は、納付期間を満たしていなくても受給できます。

なお、妻は年齢にかかわらず受給できますが、夫の死亡時に30歳未満で子のいない妻は、5年間の有期給付となります。また、再婚した場合は受給の権利は失われます。

遺族厚生年金の支給金額は、遺族基礎年金のように定額ではなく、故人の生前の給与によって変わります。原則として、故人の老齢厚生年金の報酬比例部分の年金額の4分の3になりますが、この報酬比例部分は納付した保険料額の算出基礎となる報酬月額と納付月数などによって変わってきます。詳しくは年金事務所・ねんきんダイヤルなどで確認してみましょう。

申請は故人が死亡した日から5年以内、申請先は最寄りの年金事務所となります。

● 主に手続きに必要なもの

- 遺族厚生年金の請求書（年金事務所窓口・もしくは日本年金機構のウェブサイトからダウンロード）
- 故人と請求者の年金手帳
- 世帯全員の住民票の写し
- 戸籍謄本（全部事項証明書、死亡した日以降のもの）
- 死亡届記載事項証明書、もしくは死亡診断書のコピー
- 請求者の認め印と通帳などの振込先の口座番号を確認できるもの

添付書類については、年金事務所や市町村役場の年金課に問い合わせておきましょう。

葬儀が終わってから行う手続き

◆手続きによく使う書類

死亡診断書のコピーなど、複数の手続きで使用する書類はあらかじめ多めに用意しておくと便利です。

	書類名など	使用する手続き・特記事項など
✓	死亡診断書のコピー	年金受給の停止手続き、健康保険の資格喪失手続き、葬祭費/埋葬料の請求手続き、生命保険の受け取り手続き、遺族年金の手続きなど
✓	戸籍謄本（申請者）	高額療養費の手続き、生命保険の受け取り手続き、固定電話の電話加入権引継ぎ、自動車の名義変更など
✓	戸籍謄本（全員）	遺族年金の手続き、預貯金の名義変更手続きなど
✓	除籍謄本（故人）	埋葬料の請求手続き（死亡診断書のコピーがあれば不要）、預貯金の名義変更手続き、自動車の名義変更、相続手続き全般
✓	住民票（除票）	年金受給の停止手続き（死亡診断書のコピーがあれば不要）、未支給年金の請求手続き、寡婦年金の申請手続き、死亡一時金の申請手続きなど
✓	住民票（除票）	遺族基礎年金、遺族厚生年金
✓	印鑑証明（申請者）	生命保険の受け取り手続き、生命保険の契約変更手続きなど
✓	印鑑証明（全員）	預貯金の名義変更手続き、相続税の申告手続き、土地・建物の不動産登記など

トートーメー 

第1章 トートーメー（イフェー・位牌）とは

01 トートーメー信仰

Check!

- **沖縄では、祖先を仏壇に祀り、イフェー（位牌）を安置している家が多くみられます。**
- **祖先に対する信仰心が、沖縄の「トートーメー信仰」の根幹となっています。**

沖縄では、先祖のことを「**祖先**《そせん》」または「**元祖**《がんそ》」といい「**ムートゥ**」・「**グワンス**」・「**ウヤファーフジ**」などともいいます。

沖縄の多くの家庭では、祖先を仏だんにまつり、亡くなった人の霊ののりうつる（依《よ》り代《しろ》ともいう）ものとして**イフェー**（位牌）を安置しています。

イフェーにまつられた代々の祖先は、クヮウマガ（子孫）をあたたかく見守り、健康や子孫繁栄・商売繁盛を助けてくれるものだと信じられています。それだから毎朝、ウチャトゥ（お茶湯）をあげて拝《おが》み、毎月の**チィタチ・ジュウグニチ**（旧暦の一日・十五日）にはおそなえものをして、ウートートゥ（祈願）をかかさないのです。

もし祖先に対してこのような「**グワンスグトゥ**（儀

礼）」をおこたると、祖霊《それい》の怒りを買い、祟《たたり》（不幸）がもたらされると考えられています。

　このような考え方が、沖縄人《ウチナーンチュ》の今日でもなお強い「祖先崇拝《そせんすうはい》」の思いをささえ、「**トートーメー信仰**」をゆるぎないものにしているのです。

ウチナーイフェーとよばれる上下二段になった位牌立て。上段に男性、下段に女性をまつります。

チィタチ・ジュウグニチの御願

旧暦の毎月一日と十五日は、トートーメーとヒヌカンに祈りを捧げる御願日（ウグヮンビ）です。その日に特別に報告することがない場合、「みーまんてぃ　うたびみそーり」などのことばを添えて、「家族の健康」と「家庭の円満」を祈願します。

ヒヌカンのウグヮンの司祭者はふつう女性ですが、トートーメーのウグヮンはその家の主が司祭者になるのが一般的なようです。

⓪② シルイフェー（白《しろ》位牌《いはい》）

亡くなった直後からその人の霊がのりうつるものとして考えられているのが**「シルイフェー」**とよばれる白木の位牌です。

　亡くなってからシンジュウクニチ（四十九日）まではシルイフェーをとおして亡くなった人をまつることになります。したがってナンカスーコーの期間は**シルイフェーにむかって手を合わせ、拝《おが》むことになります。**

　シルイフェーは、依《よ》り代《しろ》（霊がのりうつるもの）として仏だん前につくられた祭だん（ハチナンカ以後は後飾《あとかざ》りに）にまつられる（内位牌という）ものと、野《の》辺《べ》送《おく》りのときに遺族《いぞく》の手でお墓まで運ばれ、墓前におかれたメージク（前卓）にまつら

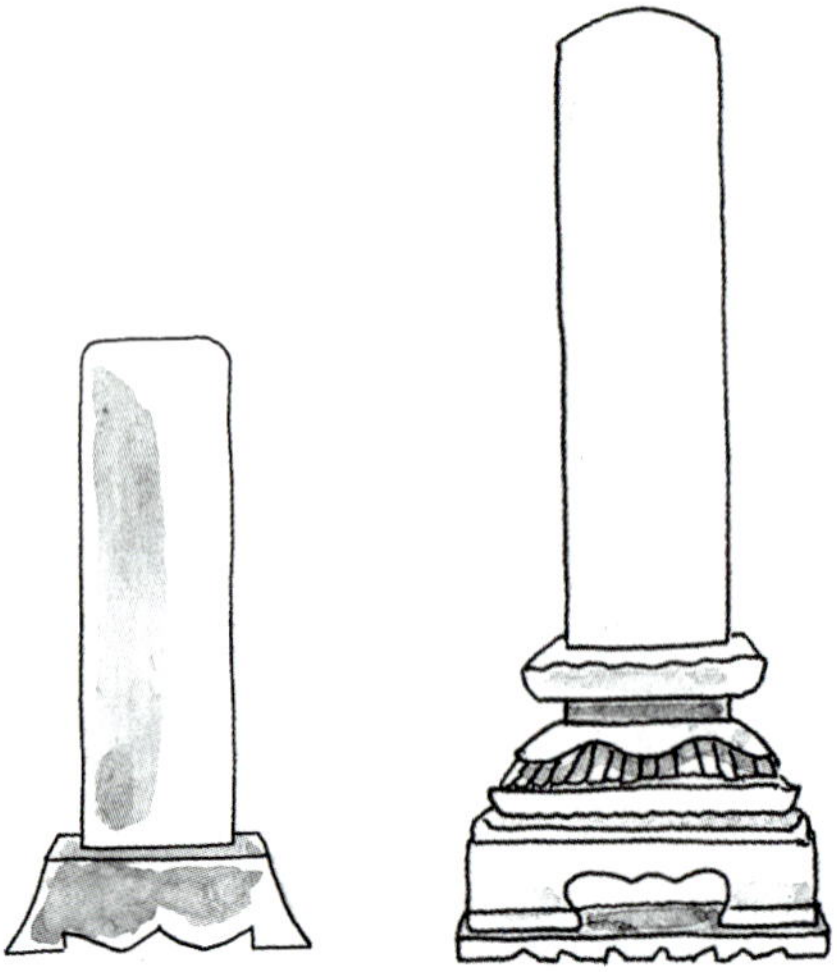

シルイフェーは二つ作ります。墓前に安置される「野位牌」（左）とシンジュウクニチまで後飾りに安置される「内位牌」（右）の二つです。

れる（野位牌《のいはい》ともいう）ものと二つ作ります。

シンジュウクニチのときに、シルイフェーは魂を抜いてから（※**魂抜《ヌジファー》き、あるいは揆遣《はっけん》ともいう**）、仏だんの前に設置されている葬具《そうぐ》といっしょにお墓の前で焼却《しょうきゃく》します。

シルイフェーはシンジュウクニチまで後飾りに安置されます。

シンジュウクニチを境《さかい》めにして、亡くなった人の名前は「イフェー（本位牌）」にきざまれ、まつられることになります。

※魂抜き（ヌジファー）ヌジファーは亡くなった人の霊魂をシルイフェーから抜き取ってイフェー（本位牌）に移す儀礼の一つです。97ページ参照。

⓪③ イフェー（本位牌《ほんいはい》）の種類

現 在沖縄で見られるイフェーは「**ウチナーイフェー**（沖縄位牌）」・「**カライフェー**（唐位牌）」・「**ヤマトイフェー**（大和位牌）」の三種類があります。

◆ウチナーイフェー（沖縄位牌・屏主《へいしゅ》）

沖 縄本島・周辺離島でもっとも多く見られるイフェーです。

位牌立《いはいた》ての長方形のワクの中に短冊状《たんざくじょう》の位牌札《いはいふだ》を奇数枚《きすうまい》（5・7・9枚）をはめこんだもので、上段と下段の二段に分けて並べたものと、大型の札を一段に並べたものがあります。

上下二段のウチナーイフェーはまん中に「**帰眞**《きしん》（**帰元**）**霊位**《れいい》」と書きこまれていて、上段には男の祖先を、下段には女の祖先をまつります。夫婦は上・下が同じ位置になるように合わせてまつります。

ウチナーイフェーには、上下二段に分けられたもの（左ページ上）と、札を一段に並べたもの（右ページ下）があります。

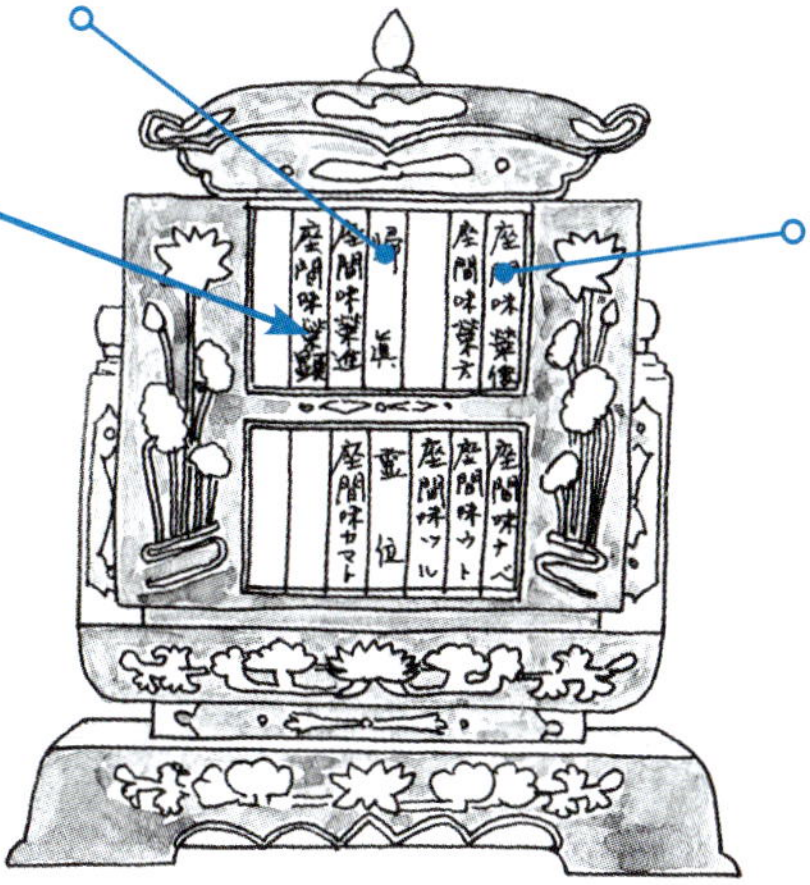
※まん中上段に「帰眞」、下段に「霊位」と書きこまれています。
※古い祖先から順に右側からまつります。
※夫は上段に、妻は下段に並ぶようにまつります。

帰眞霊位《きしんれいい》

ウチナーイフェーのまん中には「帰眞（帰元）霊位」とはじめから書きこまれている場合が多いようです。

本来は、それぞれの戒名《かいみょう》の上と下につけるものです。ですから「帰眞○○○○《戒名》霊位」となるわけです。ところが位牌札にはそれだけの文字を書きこむスペースがありません。そこでまとめてまん中に「帰眞（帰元）霊位」と書いているのです。

「帰眞」は真実に帰る、「帰元」は人間の肉体を形づくっている四大（風・火・水・地）が分離してもとにもどるという意味です。「霊位」は位牌のことです。

◆カライフェー（唐位牌《いはい》）

位牌一個につき一人分または夫婦一組だけの名前を書く、**ひとりひとり、あるいは一組ずつ独立したイフェー**です。したがって、亡くなった祖先の人数分、あるいは組分（夫婦）だけイフェーが仏だんに並べられることになります。

宮古・八重山地方ではふつうに見られますが、本島地方では少ないようです。

◆ヤマトイフェー（大和位牌《いはい》・繰《く》り出し位牌）

屋根やトビラのついた小型のケースの中に、祖先・名前の書かれた位牌札《いはいふだ》をおさめたものです。

位牌札が複数枚あるときは奥の方から重ねるようにしておさめます。したがって、前の方には一人分の位牌札しかあらわれてきません。祥月命日《しょうつきめいにち》（亡くなった月日と同じ月日）ごとに、

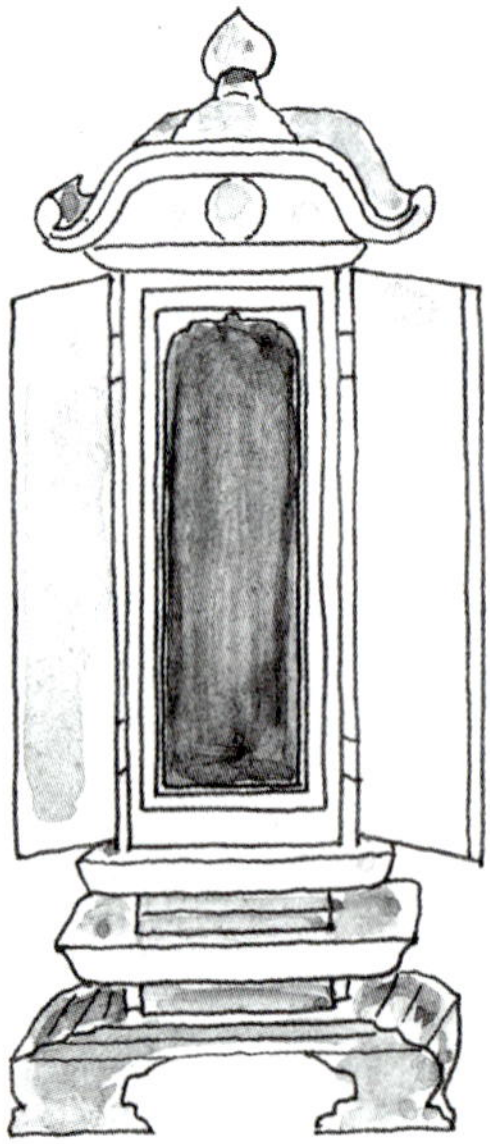

その人の位牌を繰り出して前になるようにします。こうしたまつり方から「**繰《く》り出《だ》し位牌**」とも呼ばれています。

カライフェーとともに宮古・八重山地方では多く見られますが、本島地方はあまり見られません。なおヤマトイフェーは最近になって導入《どうにゅう》されたものだといわれています。

沖縄のしきたり

日本本土には、兄弟や親族に同じ位牌をつくって分け与える（位牌分け）習俗や父親の位牌を長男が持ち、母親の位牌を次男が持つ（分牌祭祀）習俗がありますが、沖縄にはありません。

トートーメーはどこから来たのか

位牌を通して故人を供養する習俗が生まれたのは、中国です。ですから、沖縄の位牌を仕立てる習慣も、元々は中国の習慣・風習であるといえます。

このような、位牌を仕立てる習俗が沖縄に伝わったルートは、二つあると考えられています。

一つが中国福建省の人たちが沖縄に移住してつくったクニンダ（久米村）を通して伝わったルート、もう一つが中国から日本本土に伝えられ、それが臨済宗を通して沖縄に伝えられた、とするルートです。

二つのうち、沖縄中に広まったのは後者の方であるといわれています。

④ イフェーの仕立て方

◆祖先のイフェーのある家では

シルイフェーで亡くなった人をまつるのはシンジュウクニチ（四十九日）までです。

シンジュウクニチにはシルイフェーを焼却《しょうきゃく》するとともに「イフェー（本位牌《ほんいはい》）」に書きかえるたいせつな儀礼（**イフェーノーシ**）がおこなわれます。それ以後は、亡くなった人はイフェーでまつられることになるのです。ですから、**シンジュウクニチをいとなむ前までには亡くなった人のイフェー（本位牌）を用意しておかなければなりません。**

グヮンスムチ（祖先のイフェーのある家）の家では、**一番新しい祖先の隣りの位牌札《いはいふだ》（ウチナーイフェーの場合）に、亡くなった人の名前（戒名《かいみょう》・俗名《ぞくみょう》）・死亡年月日・享年《きょうねん》（数え年）を書き入れます。**遺族《いぞく》の手によって書きこむのもとても良いことですが、無理な場合は、お坊さんか仏具店にお願いすることもできます。

故人の名前の書きこまれたイフェーは、仏だんに安置する前に「**魂を入れるための供養《くよう》**」をおこないます。これを「**魂入れ**」あるいは「**開眼《かいげん》**」といいます。

「魂入れ」というのは供養して仏の魂を入れることで、魂入れをおこなってはじめてイフェーに亡くなった人の霊が宿《やど》り、拝む対象になるわけです。魂入れをしていないイフェーは、単なる木の札《ふだ》にすぎません。

僧侶をよんでいる場合は、「お経《きょう》」をあげて「魂入れ」をおこなってくれます。

魂入れをすませた位牌札《いはいふだ》は、仏だんに安置された位牌立てにもどされ、祖先のイフェーとともにまつられることになります。

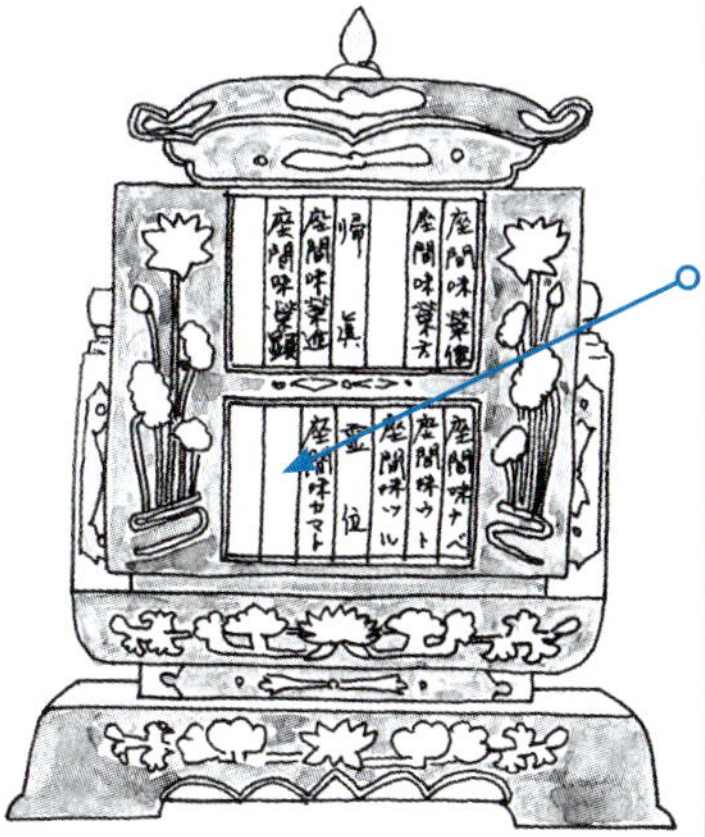

魂入れの供養の終わったイフェーは、位牌立ての矢印の部分にもどされ、祖先のイフェーとしてまつられることになります。

◆祖先のイフェーのない家では

はじめてイフェーを仕立てることになりますが、シンジュウクニチがいとなまれる前までには用意しておかなくてはいけません。

新しく「イフェー」を仕立てるということは、その家でまつるはじめての先祖（**タチクチ**という）ということであり、その家の**グワンス**（元祖）ということになります。

最初の元祖になるイフェーですから、はじめに「**魂を入れるための**」供養《くよう》をおこないます。

魂入れをすませたイフェーは、仏だんに祀《まつ》られることになります。

はじめての位牌は、個人用か夫婦用の小型のものにするのが一般的です。
沖縄では二代目までは小型の位牌にするのがよいとされています。

◆戒名を授かるまえ

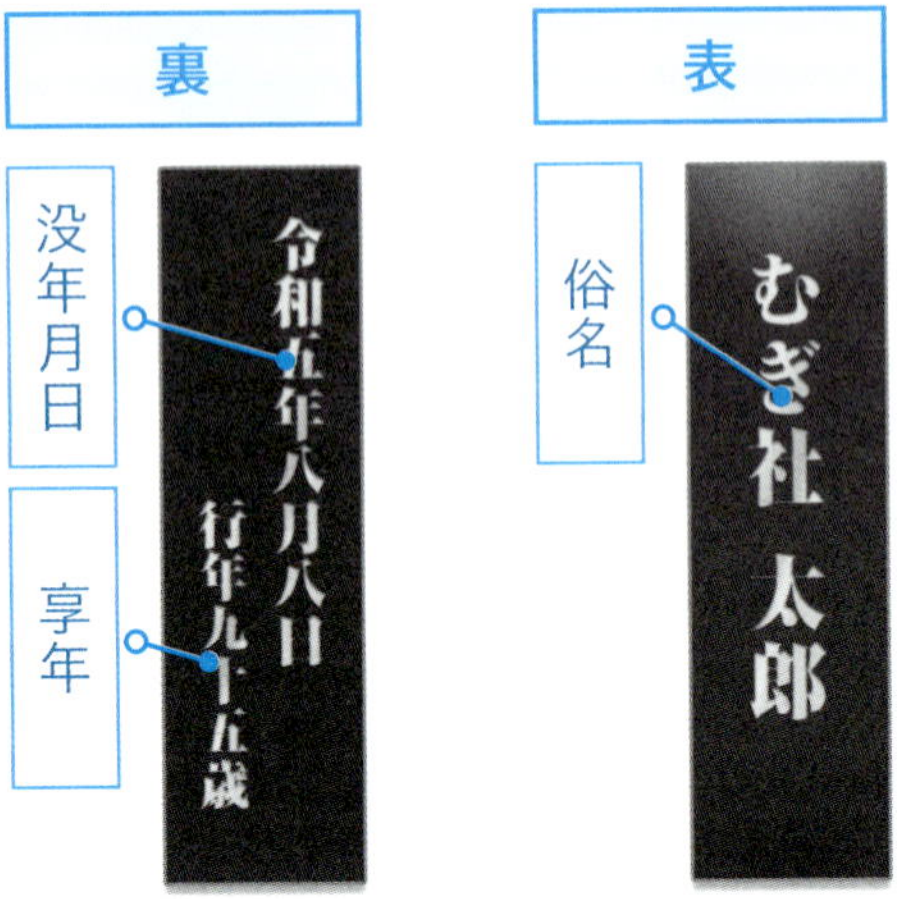

◆戒名を授かったとき

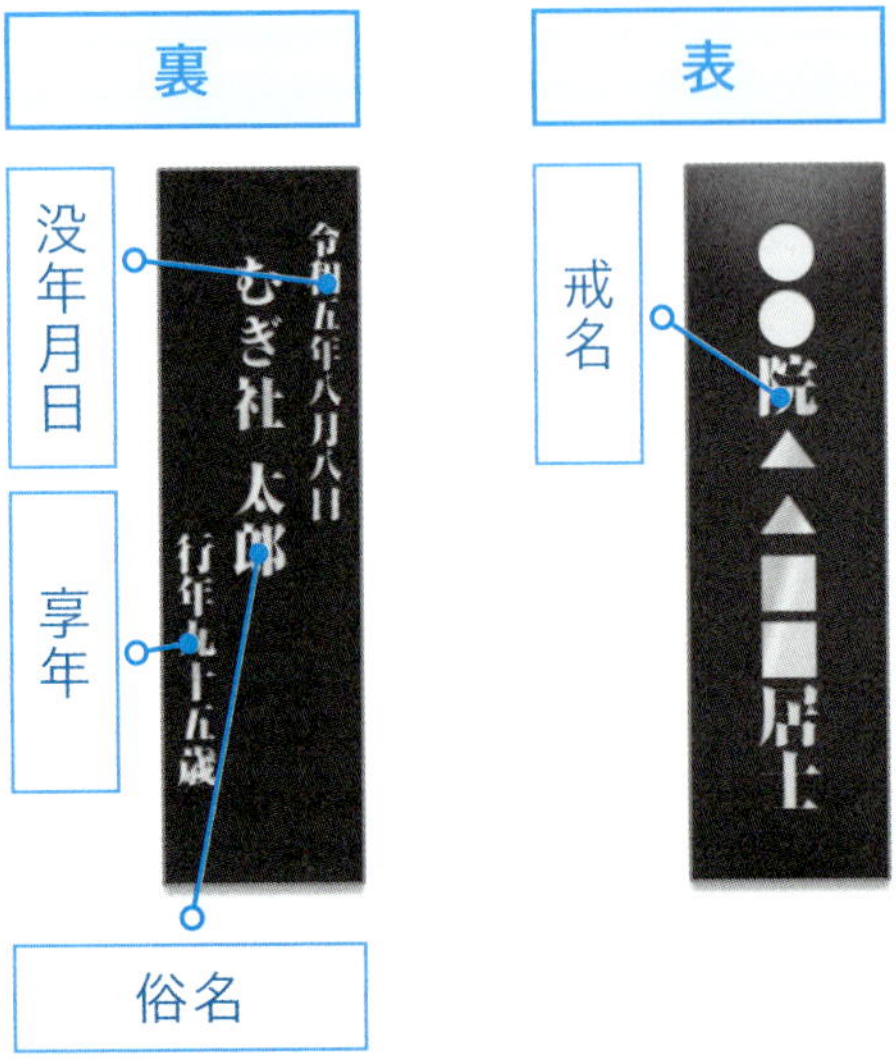

イ

フェーは「**名前**（戒名《かいみょう》・俗名《ぞくみょう》）」・「**死亡年月日**」・「**享年**《きょうねん》（行年とも）」を書き入れます。

戒名をさずかったときは、表に「戒名」、裏に「俗名」・「死亡年月日」・「享年」を書きます。戒名《かいみょう》のない場合は、表に「俗名《ぞくみょう》」、裏に「死亡年月日」・「享年」を書きます。

「**戒名**」とは、仏さまの弟子になることを誓《ちか》ってさずけられる名前のことで（浄土真宗では「法名《ほうみょう》」、日蓮宗では「法号」という）、本来は生きている間にもらうものでした。

沖縄ではなくなった後にさずけられるのがほとんどで、俗名から一字だけとって戒名とするのが一般的なようです。また本土のように法外《ほうがい》な戒名料は必要ではなく、葬儀《そうぎ》のときの「お布施《ふせ》」の中に含まれているケースが多いようですが、高位の位号（戒名のランク）を望む場合などは別途戒名料が必要な場合もあります。

戒名料など、お布施の金額について不安がある場合は確認しましょう。

「**俗名**」とは、生きているときに使っていた名前のことです。祖先のイフェーには俗名しか書かれていないというのも珍しいことではありません。

「**享年**《きょうねん》」とは、亡くなったときの年齢のことです。この場合は、数え年で記入します。

戒名の格付け

戒名は長い歴史のなかで格づけができているといわれています。最上位にランクされているものが「□□院○○○○大居士《だいこじ》（女性の場合は大居士が清大姉《せいたいし》）」で、平均的なものが「○○○○信士《しんじ》（女性の場合は信士が信女《しんにょ》）」となっているようです。

第2章 イフェーのまつり方・つぎ方

01 まつり方

Check!

- **イフェーは通常、二番座に設置された仏だんに安置されます。**
- **イフェーは代々長男が継承するのが望ましい、など四つのルールがあります。**

祖先のイフェーは二番座に設置された仏だんに安置され、まつられるのが基本とされます。

仏だんは本島では「**ブチダン**」といい、宮古では「**カムタナ**（神棚）」、八重山では「**トゥク**（床）」などとよんでいます。

今現在はまつるべきイフェーがない家でも、二番座には将来仏だんが設置できるように考えて設計するのが沖縄の一般的な民家の様式です。それほどイフェーを安置する仏だんは沖縄の家にはかかせないものなのです。

仏だんに安置されている祖先のイフェーは、位牌立《いはいた》てにむかって右側（一番座に近い方）に古い祖先をまつり、左側に行くにしたがって新しい祖先をまつります。

そして名前を書きこんで祖先としてまつるのは、一つの世代で一組の夫婦だけというのがもっとも好ましいとされています。**代々長男（夫婦）によって継承《けいしょう》されるイフェーこそ理想的だと考えられている**からです。

ムートゥヤー（本家）などの世代を重ねた旧家になると、何世代もの祖先のイフェーが安置されています。そのため、一つの位牌立てでは間に合わず二つ以上の位牌立てが安置されているという例も見られます。

その場合でも、古い祖先の位牌立て順に右側から並べて安置するという、古くからの決まりが守られています。

このように位牌立てが二つ以上ある場合でも香《こう》を焚《た》く「**ウコール**」は一つだけです。

◆ウートートゥ

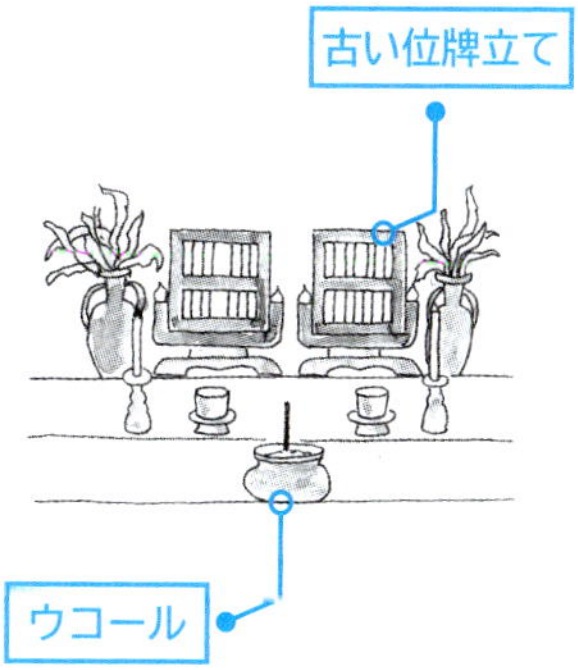

※位牌立てが二つ以上ある場合、古い位牌立てをむかって右側に安置します。その場合でもウコールは一つです。

毎朝、トートーメーにウチャトゥ（お茶湯）をあげて**ウートートゥ**（祈願）することは、オバァの日課の一つです。

イフェーに名前がきざまれ、仏だんに安置されてまつられている祖先は、家の守り神となって「**クワッウマガ**（子孫）」の生活を見守っていると信じられています。そのために「**ウヤファーフジ**（祖先）」の霊がのりうつるとされているイフェーにむかって手を合わせて拝《おが》むのです。

⓪② イフェーのつぎ方

沖縄本島を中心に周辺離島（一部例外）などでは、**一つの世代で一組の夫婦だけを祖先としてまつり、代々長男によって継承されるのがもっとも好ましい「イフェーのつぎ方」**だとされてきました。今でもこのような考え方が根強く残っています。

このような「好《この》ましいイフェーのつぎ方」を実現するための古いしきたりとして**四つのルール**（決まり）があり、それを守るための**四つのタブー**（禁忌《きんき》＝いけないこと）があります。

祖先のイフェーは、代々長男によって継承されるのがもっとも好ましいとされています。

03 つぐための四つのルール

1

もっとも好ましい継承者《けいしょうしゃ》としては嫡男《ちゃくなん》（正妻との間に生まれた長男）であること。嫡男をさしおいて次・三男以下につがせてはいけない。

2

娘につがせてはいけない。

3

つぐべき男の子がいない場合は、亡くなった者の兄弟の子（男）やいとこの子ども（男）など、一世代下の男性につがせること。

4 次・三男以下は、生まれた家より分家して一家をかまえ、亡くなったときは、それぞれの嫡男《ちゃくなん》によって新しくイフェーを仕立《した》ててまつり、代々つがせること。

以上、四つのルールでもっとも大切で守らなければならないとされているものは「**シジ（血筋）のある者**」にイフェーをつがせるということです。

この四つのルールを守って正しく祖先のイフェーをひきつぐために**四つのタブーがあります**。タブーというのは「**さしさわりがあるとして禁じられていること**（禁忌《きんき》）」です。

もし四つのタブーを犯《おか》し（破ること）て祖先のイフェーがまつられ、継承《けいしょう》された場合は「**シジタダシ**（筋正し）」をしなければならないとされています。

「シジ」とは

「シジ」とは血筋のことであり、血のつながった人びとのことです。広義では「シジ」には女性も含まれますが、トートーメーを継承し、祖先の位牌にまつられる資格のある者は、厳密にいえば父方の血筋を引く男子「マシジ」に限定されます。

ウタナー（神棚）

門中《ムンチュウ》の共通の祖先をまつる祭だんのことを、沖縄本島では「**ウタナー**」あるいは「**カミウタナー**（神御棚）」といいます。

位牌に名前のない祖先は、遠い祖先として宗家のウタナーにまつられています。当然のことながら、ウタナーにまつられている祖先神の位牌はありませんから、ウコールを通して遠い祖先をしのび、供養することになるわけです。

ウタナーは、門中のすべての家にあるのではなく、一般的には「**ウフムートゥ**」とよばれる大本家や「**ナカムートゥ**」とよばれる中本家におかれています。

ナカムートゥがウタナーを仕立てて設置するときは、分家するときと同じように、ウフムートゥからウコールの灰を分けてもらわなければならないという、しきたりがあります。

ウタナーはふつう、門中の遠い祖先の祭祀《さいし》をおこなう「**ムンチュウシーミー**（門中清明祭）」や旧暦5月の「**門中祭**」などに、門中の父方の子孫によって拝まれているようです。また、ウフムートゥより遠く離れた地で暮らす門中の成員《せいいん》は「**ウトゥーシダナ**（遥拝用神棚）」をつくって、門中の祭祀をおこなうこともあるようです。

第3章　継承のタブー

01 チャッチウシクミ（嫡子押し込み）

Check!

- **嫡男以外が祖先のイフェーを継承することは、基本的にはタブーです。**
- **継承すべき子どもがいない場合は、シジのある男子を養子にして継がせます。**

祖先のイフェーを継承《けいしょう》する者は、嫡男《ちゃくなん》（長男）とルールで定められています。そのため、**長男を祖先のイフェーからはずす（とりのぞく）ことはできません。**

たとえ長男がイフェーの継承者を残さないで亡くなった場合でも、祖先のイフェーにまつらなければなりません。ましてや、**長男が元気で**いるにもかかわらず、次・三男以下が祖先のイフェーの継承者になることは、絶対さけなければならないとされています。

例１：長男があとつぎを残さないで（未婚など）亡くなった場合

このままではヤー（家）をつぐ者が途絶《とだ》えてしまいます。そこで**長男（兄）にかわって次男（弟）がヤー（家）をついで当主となり、祖先のイフェー（兄をふくめて）をまつることになります。**

ところが、次男以下は本来は生まれた家より分家して一家をかまえなければならない立場にありますので、当主としてヤーをついでも、祖先のイフェーはつぐことはできません。

したがって、亡くなったときも**祖先のイフェーといっしょにまつられることは許されません。**祖先のイフェーにはすでに長男（兄）がまつられているからです。

もし、兄とともにヤーをついだ弟を祖先のイフェーとしてまつると、「**チョーデーカサバイ**（兄弟重なり）」となります。また、次男を祖先のイフェーの継承者《けいしょうしゃ》とするために長男をイフェーからはずすと、「**チャッチウシクミ**（嫡子押し込み）」になります。

そこで、当主となった次男が亡くなったときは、当然その子孫によってまつられることになりますが、この場合は**長男が新しくイフェーを仕立《した》ててまつることになります。**次男家の「**タチクチ**（一番はじめの祖先）」としてまつられることになるのです。そして祖先のイフェーは次男以下がつぐことになるわけです。

あとつぎを残さないでなくなった長男のあとをついだ次男は、**生きている間は当主としてヤーをつぎ、亡くなった後で生家より独立して一家をかまえる形をとる**わけです。

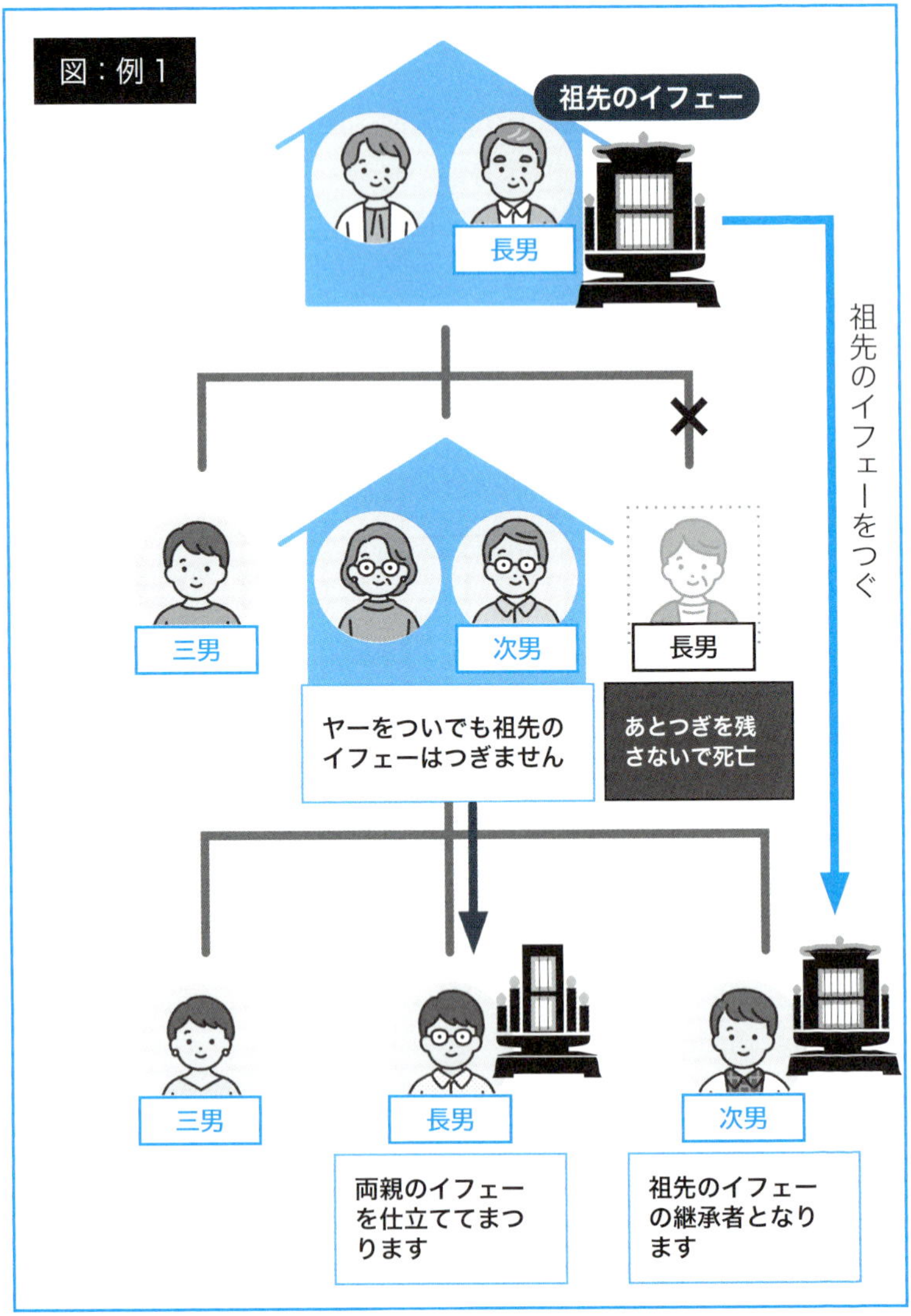

未婚のまま亡くなった場合は、兄と弟がイフェーに名をつらねても「チョーデーカサバイ」にならないとする地域（那覇市小禄など）もあります。

例2：幼くして長男が亡くなった場合

幼くして亡くなった子どもは**イフェーに名前をきざまないで**、親が亡くなったときに親の遺骨《いこつ》に抱かせて（**ウヤヌフチュクル**という）いっしょに納骨《のうこつ》し、ウコール（香炉）でまつります。

亡くなった子どもが長男の場合は、**次男がヤーをつぎ、祖先のイフェーをつぎます。**

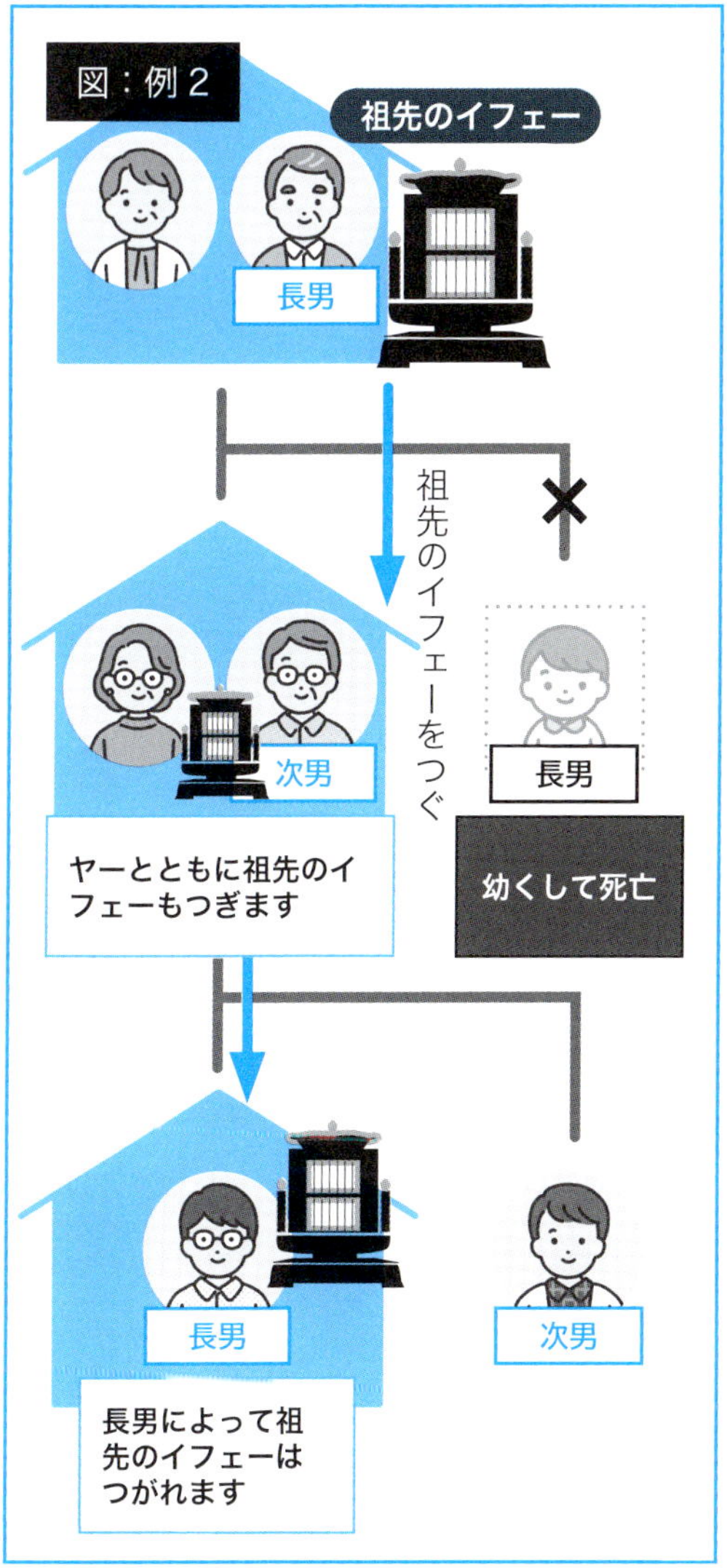

幼くして亡くなるとされる年齢は、地域によってちがいますが、目安として7歳以下とされているようです。

この場合、長男はイフェーに名前はきざまないので「チャッチウシクミ」や「チョーデーカサバイ」にはならないとされています。

例3：長男が生家より分家した場合

何らかの事情で、長男がヤーをつがず生家より分家して一家をかまえた場合、当然のように次・三男がヤーをつぐことになります。

ただ、この場合でも**次・三男はヤーの継承者《けいしょうしゃ》にはなったとしても祖先のイフェーをついではいけない**とされています。

次・三男がそのまま祖先のイフェーも継承した場合は、祖先のイフェーから長男をはずすことになり「**チャッチウシクミ**」となるからです。

ですから、長男は**ヤーはつがなくても祖先のイフェーだけはつがなければいけない**ことになります。

> 沖縄の人を悩ませる「トートーメー問題」。社会の変化により、厳粛に継承のルールを守ることが難しくなってきたり、住宅事情によりトートーメーそのものを設置する場所がない、といった問題もあります。
>
> 焚き上げや永代供養により、自分の代でトートーメーをリセットする、といった選択も、やむを得ないことなのかもしれません。

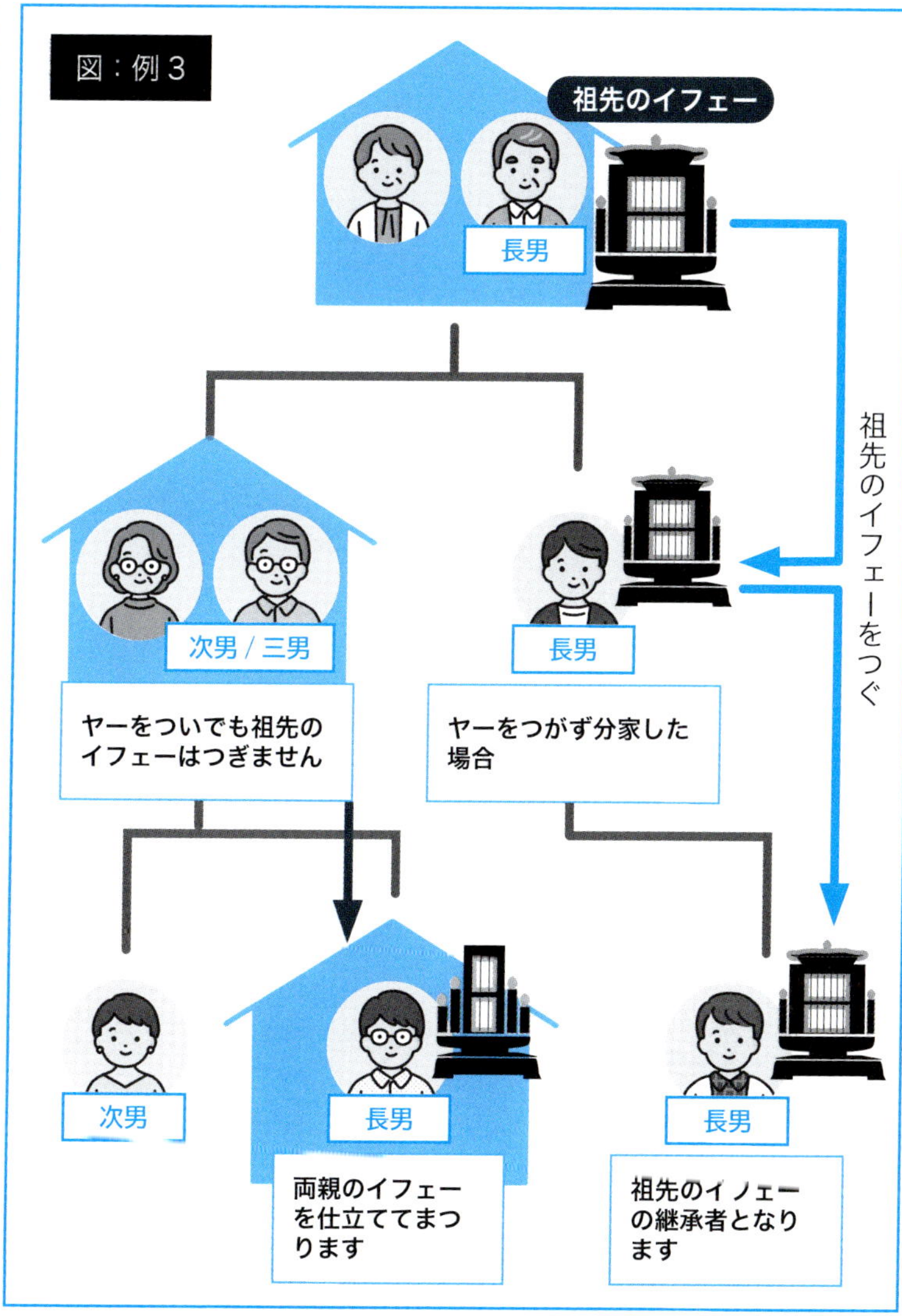

沖縄では、イフェーは財産の一部と考えられており、ヤー（家・財産）をつぐ者は当然イフェーもつぐべきだとされていますが、近年はヤーとイフェーを別々につぐというケースもふえているようです。

02 チョーデーカサバイ（兄弟重なり）

イフェーに兄弟（姉妹も含む）を並べてまつることです。

祖先のイフェーとしてまつられるのは長男夫婦のみで、その中に兄弟のイフェーといっしょにまつることは「**チョーデーカサバイ**」になるとして禁じられています。ですから、一つの世代では一組の夫婦のみが祖先のイフェーとしてまつられるのが原則となっています。

長男が祖先としてまつられたイフェーには、いかなる理由があっても**次・三男以下、あるいは女のきょうだいをいっしょにまつってはいけない**ということになります。

次・三男以下は、将来分家して一家をかまえ、いずれ亡くなった場合には「**タチクチ**（創立者）」としてまつられ、その長男によって継承されるべきとされているのです。

沖縄のしきたり

戦前までは、男の子の継承者《けいしょうしゃ》がいない長男家のあとつぎとして、次男家の長男を養子《ようし》にむかえるケースも見られたようですが、現在は養子はその弟の次・三男がなるべきだという考え方に変わってきているようです。

例1：次・三男が独身のまま亡くなった場合

つぐための四つのルールの4（172ページ参照）で示したように次・三男は生家より分家して一家をかまえるべきであり、亡くなったときはその嫡男《ちゃくなん》（長男）によって**タチクチ**としてまつられなければならないとされています。

次・三男が独身のまま亡くなったとき、そのイフェーをまつる子どももなく、つぐべき者もいないということになります。**その場合でも生家の祖先のイフェーとしてまつることは許されていません。**先祖のイフェーには将来長男がまつられることになっており、兄弟が並んでまつられる「**チョーデーカサバイ**」になってしまうからです。

この場合、祖先のイフェーとは別に位牌立《いはいた》てを仕立《した》ててウコールも別にします。そして祖先のイフェーをおさめた位牌立て（仏だん中央に安置）の左わきかあるいは一段下の左わきに安置します。このようなイフェーを「**脇位牌**《わきいはい》」とよんでいます。

脇位牌は、次の継承者《けいしょうしゃ》が決まるまで生家でまつることになります。

沖縄のしきたり

戦前、数軒の旧家しかイフェーのなかった集落、現在でも仏だんはあってもイフェーのない集落、近年になって一軒だけがイフェーを仕立てた島などでは、イフェーに関するいっさいのタブーがありません。

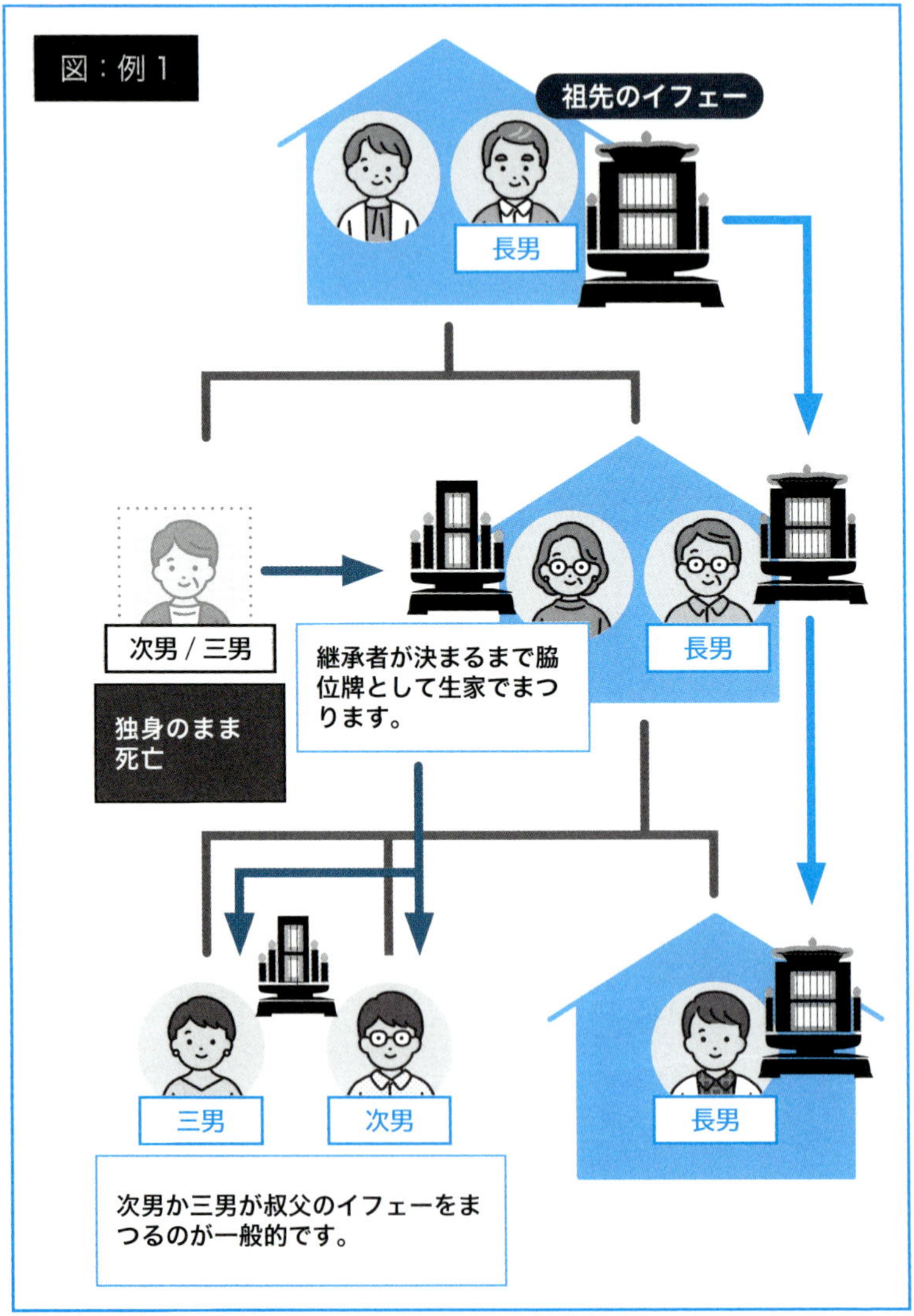

脇位牌をつぐのはふつう兄弟の子（おい）などが一般的ですが、継承者が決まらずに後代まで脇位牌のままつるケースもあります。

例2：結婚したが子どもができないため、生家にもどった女性の場合

女性は嫁《とつ》ぎ先の祖先としてまつられなければならないという考え方があります。したがって、生家にもどって亡くなっても祖先のイフェーといっしょにまつることはできません。

この場合、生家の祖先のイフェーとは別の位牌立《いはいた》てを仕立てて、ウコールも別にしてまつります。

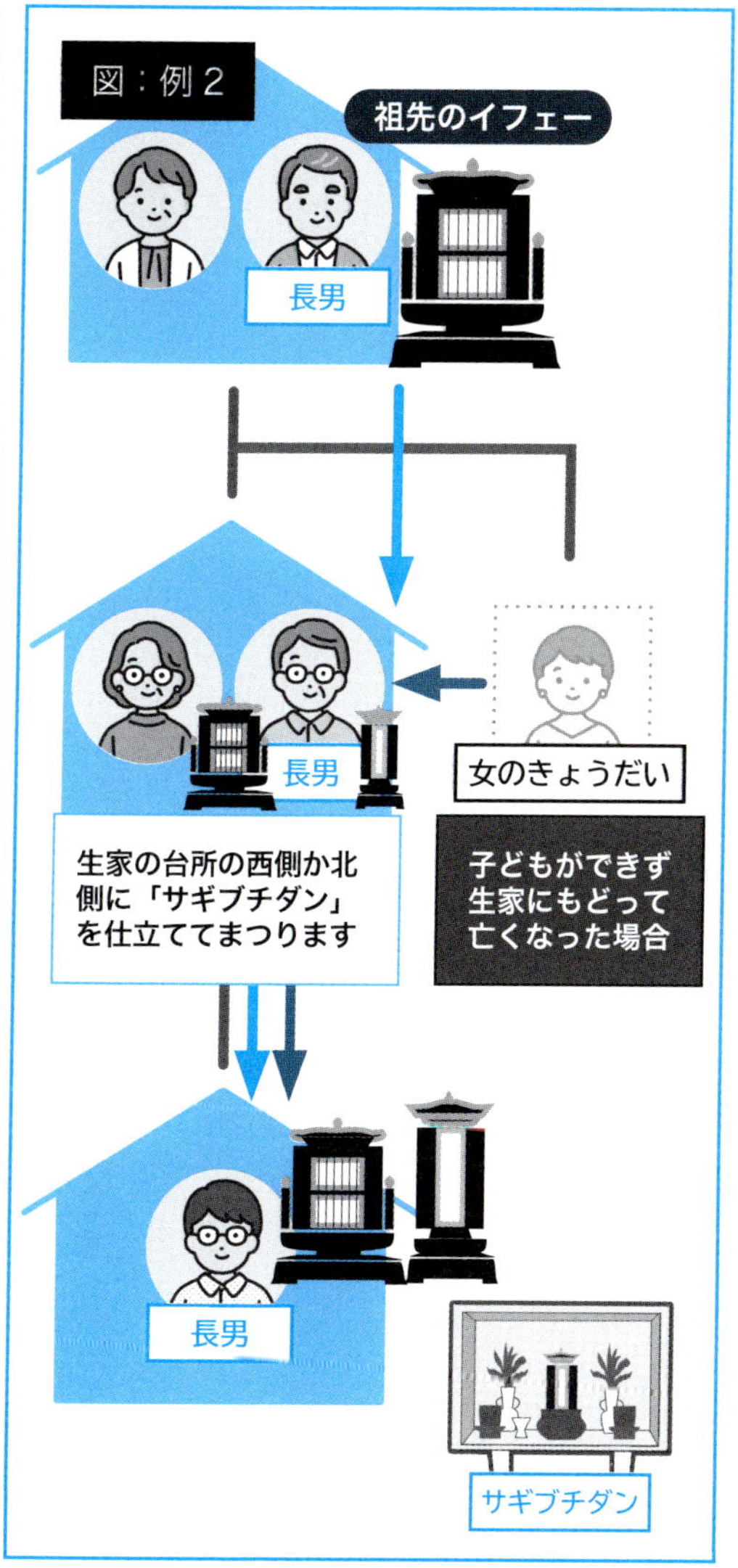

祖先の位牌とは別に位牌を仕立て、仏だん以外の場所（台所など）に安置して祀ることを「サギブチダン」といいます。

そして、ほとんどの場合は仏だんではなく台所の西もしくは北側に小さな棚《たな》をつくり、その上に安置してまつります。これを「**サギブチダン**（下げ仏だん）」とよんでいます。

例3：亡くなった後でイフェーだけを生家にもどされた女性の場合

事情があってなくなった後、嫁《とつ》ぎ先の祖先としてまつられなくてイフェーだけを生家にもどされた女性は【例2】と同じように「**サギブチダン**」として生家でまつられることになります。

いずれの例も、女性を祖先のイフェーでまつると、将来まつられる継承者《けいしょうしゃ》（長男）といっしょにまつられることになり「**チョーデーカサバイ**（兄弟重なり）」になるとされています。

これらの女性は「**グソーニービチ**（死後の結婚）」、もしくは「**イフェーニービチ**（位牌結婚）」によってイフェーの継承者を決める場合もあるようです。

グソーニービチは未婚のまま亡くなった女性を同じように未婚のまま亡くなった男性と結婚させて、形の上では夫婦とみなす風習です。東アジアの一部の地域でみられ、日本では沖縄のほかに東北の一部の地域に現存する風習です。**冥婚**《めいこん》とも呼ばれます。

イフェーニービチは離婚して亡くなった女性の遺骨と位牌を先夫《せんぷ》のもとに戻し、位牌の上では夫婦としてまつることをいいます。

いずれも、現代の沖縄においてはほとんど見られなくなった習俗といってよいでしょう。

03 タチーマジクイ（他系《たけい》混《ま》ぜ込《こ》み）

父方の血筋《ちすじ》をひかない者（シジのない者）が養子《ようし》や婿養子《むこようし》となって祖先のイフェーとしてまつられることです。沖縄では「**シジのあやまり**」だとして、とても忌《い》み嫌《きら》われます。

先にあげた「チャッチウシクミ」や「チョーデーカサバイ」などはある程度許される地域でも、「**タチーマジクイ**」だけは絶対に認めないとするところが多いようです。このことからも分かるように、他系の者（父方の血筋をひかない者）が祖先のイフェーの中に混《ま》じることを極端《きょくたん》に嫌《きら》う傾向《けいこう》があります。

例1：継承者《けいしょうしゃ》がいない場合

イフェーをつぐべき子どもがいない場合は、兄弟の子あるいはいとこの子、もっとひろげて考えると同じ門中《ムンチュウ》内の男子を養子《ようし》として迎え、イフェーの継承者とします。

もし、父方の血筋《ちすじ》をひかない者を養子としてイフェーをつがせると、他系の者が祖先のイフェーの中に混《ま》じることになり、「**タチーマジクイ**」のタブーを犯《おか》してしまうことになります。

継承者のいないイフェーは「**ヒジュルグワンス**（冷たい位牌《いはい》）」などとよばれて、忌《い》むべきものとされています。このときは「**アジカイグワンス**（預かり位牌）」としてまつります。ただしこの場合は、イフェーを自分の家の仏だんに安置するのではなく、亡くなった者の家に安……置したままでまつります。

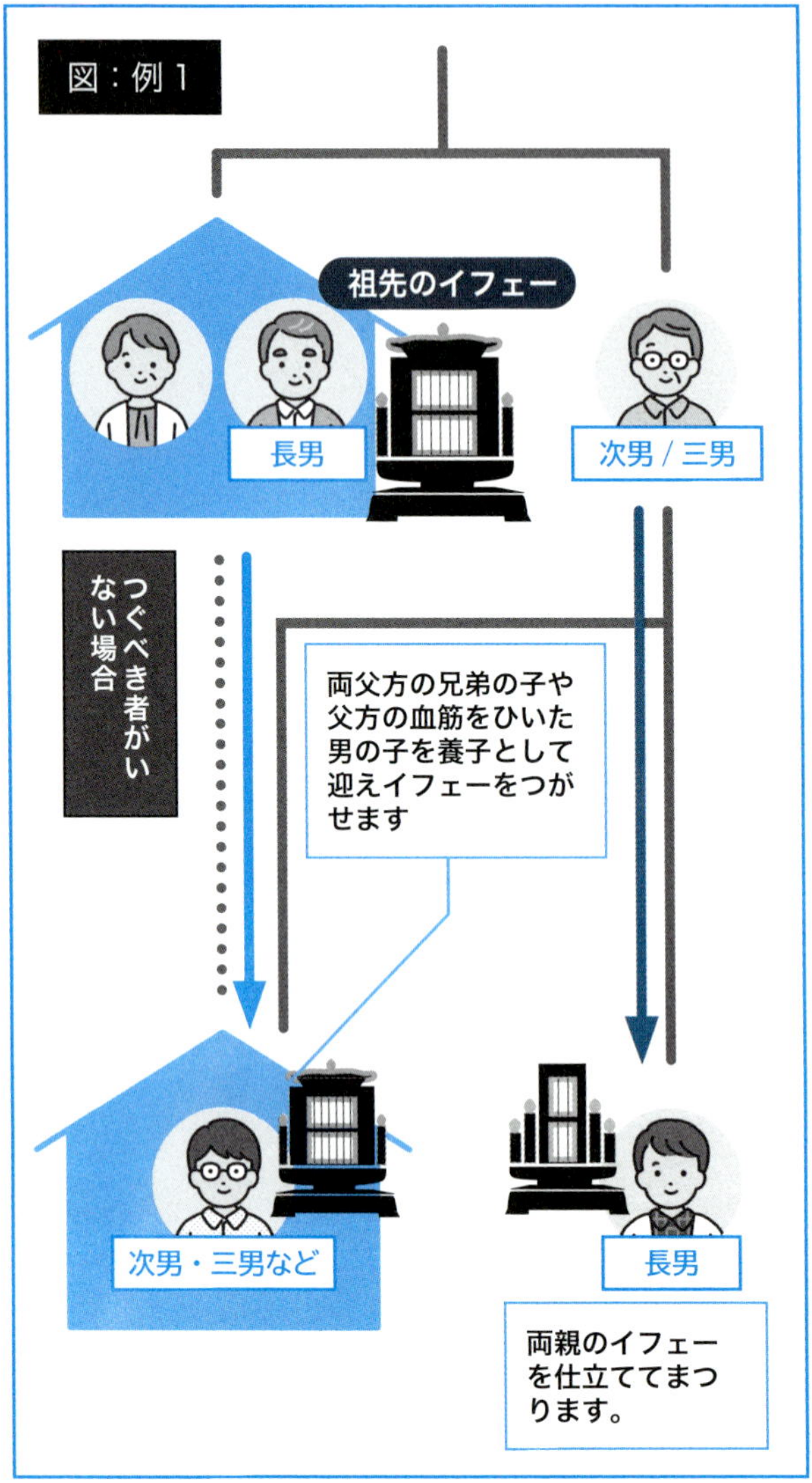

「アジカイグヮンス」として多いのは、妻方や母方のイフェーをあずかるケースです。アジカイグヮンスはあくまでも一時的にまつるものと考えられています。

例2：継承《けいしょう》すべき男子がいない場合

前ページと同様に**養子《ようし》をとって、祖先のイフェーを継承《けいしょう》させます。**たとえ娘がいて娘に婿養子《むこようし》をとっても父方の血筋《ちすじ》をひかない者では祖先のイフェーの継承者にはなれません。やはり**シジのない者**を祖先のイフェーに混《ま》じってまつることになり、**「タチーマジクイ」**になるとされているからです。

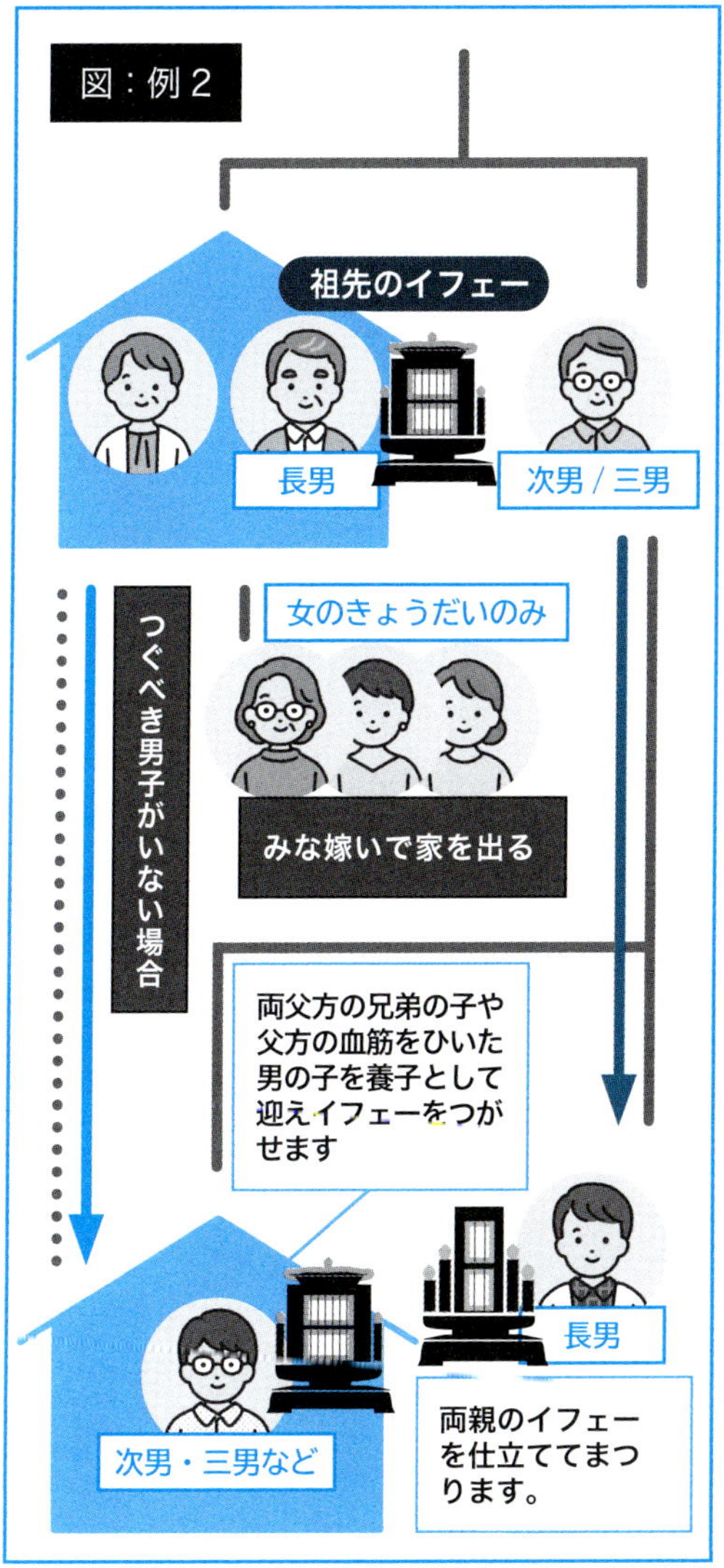

「アジカイグヮンス」として多いのは、妻方や母方のイフェーをあずかるケースです。あくまでも一時的にまつるものと考えられています。

例3：子連《づ》れどうしで再婚した場合

◆ケース1　それぞれに男子がいる場合

夫の連れ子が年長者の場合は、問題なくその子が祖先のイフェーの継承者となります。

逆に妻の連れ子が年長者の場合でも、夫の方の血筋が優先されますので、たとえ**年齢は下でも夫の連れ子がイフェーの継承者となります。**

もし妻の連れ子が年長者だからということで、その子に祖先のイフェーをつがせた場合は、「**シジのない者**」が継承者となり、その後に祖先のイフェーに他系の者が混じる「**タチーマジクイ**」になってしまうからです。

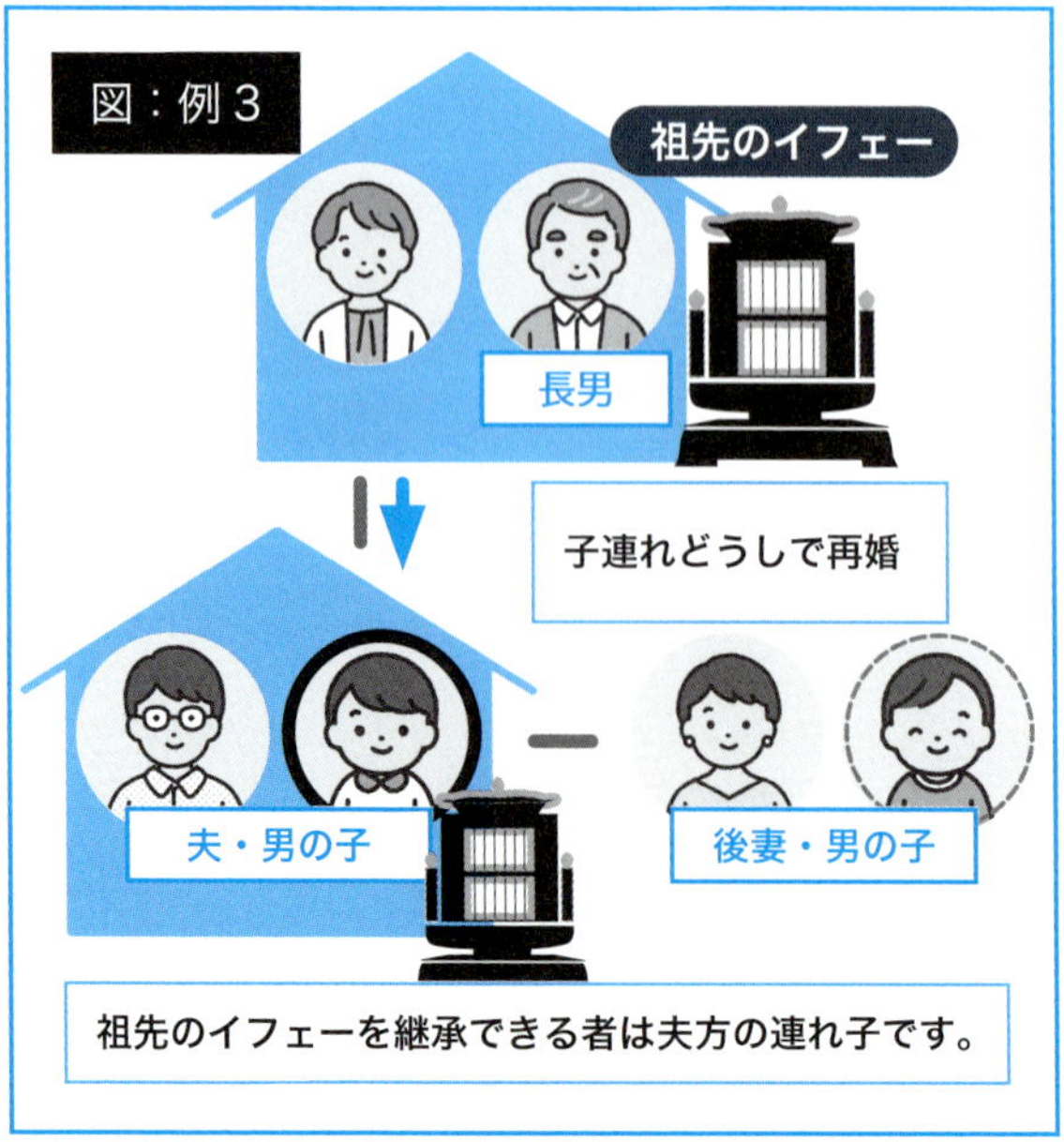

◆ケース2　夫に連れ子がなく、再婚後に男子が生まれた場合

当然、再婚後に生まれた男子がイフェーの継承者《けいしょうしゃ》になります。たとえ妻に男子の連れ子がいたとしても、その子は夫（再婚した）から見ると**「シジのない者」**となり、イフェーの継承者からははずれます。

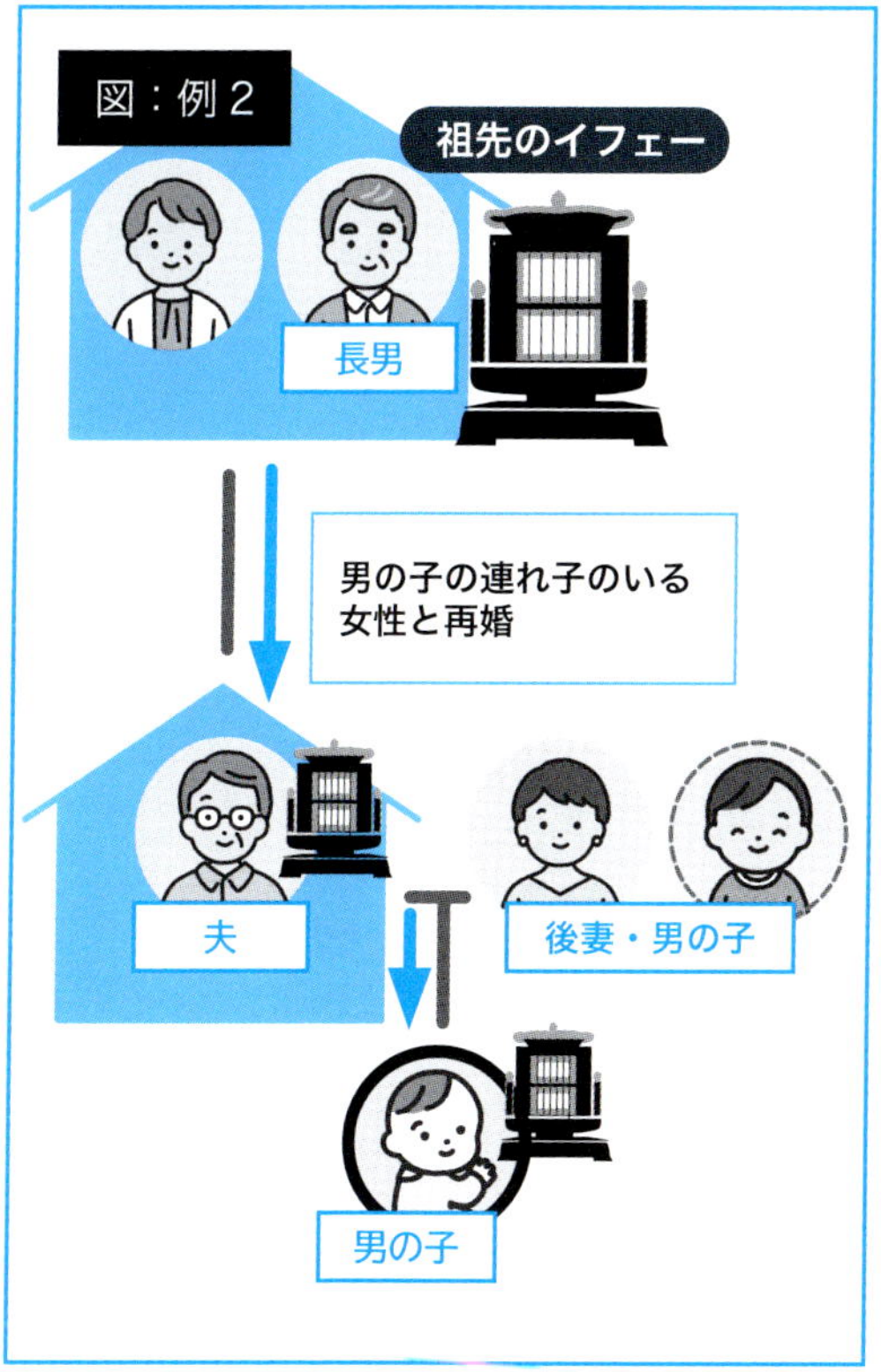

「タチーマジクイ」にいたるケースはさまざまな事例が考えられますが、基本的にはイフェーの継承者が「シジのある者」かどうかによって判断されます。

04 イナググワンス（女元祖）

ヤー（家）を娘がつぐことや、女性がヤーをかまえることです。

沖縄では、女性は生まれた家に生涯とどまるべきではなく、嫁《よめ》入り先で一生を終え、夫とともに嫁《とつ》ぎ先の祖先としてまつられることが求められています。そのため**生まれた家の祖先としてまつられることはよくないとされ、祖先のイフェーの継承者《けいしょうしゃ》となることも認められていません。**

したがって、未婚のまま亡くなった場合や、離婚したまま亡くなった場合は、イフェーとしてまつる際に大いに不都合《ふつごう》が生じるとされているのです。

沖縄ではトートーメーの継承問題とからんで、生家を娘が継承することや、女子が家（ヤー）を創設することを忌避する風習があります。

従って、生家に娘しかいない場合でも、娘を婚出（嫁がせること）させ、同じ門中内から男性を養子にとり、家を継承させることを原則としています。

しかしながら、現代の沖縄において家の継承のためとはいえ、ここまでしきたりを厳粛に守る家は少なくなってきています。社会の変化に合わせ、しきたりや風習も柔軟に扱うことが求められているといえます。

例1：娘しかいない場合

しきたりどおりに考えると、娘たちはそれぞれに結婚して生家から出なければなりません。そして亡くなった際には嫁ぎ先の祖先としてまつられることが原則となっています。自分の両親（生みの親）といっしょにまつられることは許されていないのです。

そして**ヤー（家）はシジのある者の中から養子《ようし》をとってつがせ、イフェーの継承者《けいしょうしゃ》としなければならない**ことになります。

家業を継がせるためであれば、婿養子をとればすむ話です。しかし、娘が婿養子《むこようし》をとりヤーをついだ場合、かりに**婿養子がシジのある者であっても、娘が生家の祖先「タチクチ」としてまつられることになります。**

つまり**イナググワンス**となってしまうため、禁忌を破ることになります。

また婿養子がシジのない者であった場合は、祖先のイフェーに他系の者がまじることになり「**タチーマジクイ**」になってしまいます。

いずれにしろ、しきたりに沿って継承を行う場合、**娘はヤー（家）を継がず、祖先のイフェーを継承することはできない**、ということになります。

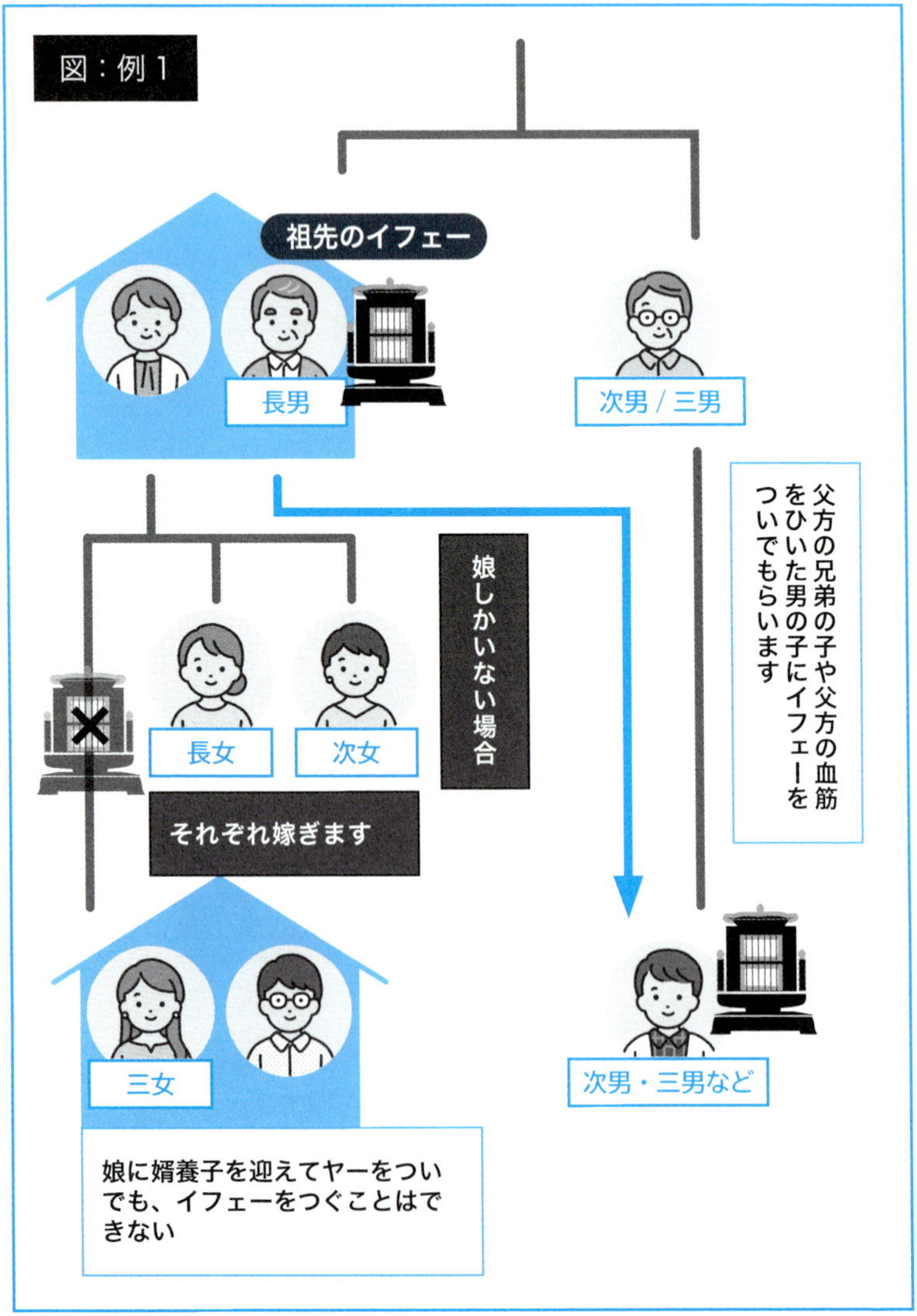

この場合は、ヤー（家）の継承者とイフェーの継承者は別々にすることもあるようです。いずれにしても娘が生家の祖先としてまつられることはよくないとされているようです。

例２：離婚した女性が実家にもどらず、そのまま家をかまえた場合

亡くなったあとは当然、何らかの形でイフェーとしてまつられることになりますが、離婚していますので、もとの夫といっしょにまつることはできません。この場合、女性に子どもがいる場合は、その子どもがまつることになりますが、そのときは女性が家の「**タチクチ**」となり、「**イナググヮンス**」ということになります。

子どもがいない場合は、生家で「**サギブチダン**」としてまつられることになります。（183ページ参照）

イナググヮンスとなることをさけるために、亡くなったあとにイフェーだけをもとの夫とともにまつるという方法をとるケースもあるようですが、この場合でも条件（双方ともに再婚していないことなど）があります。

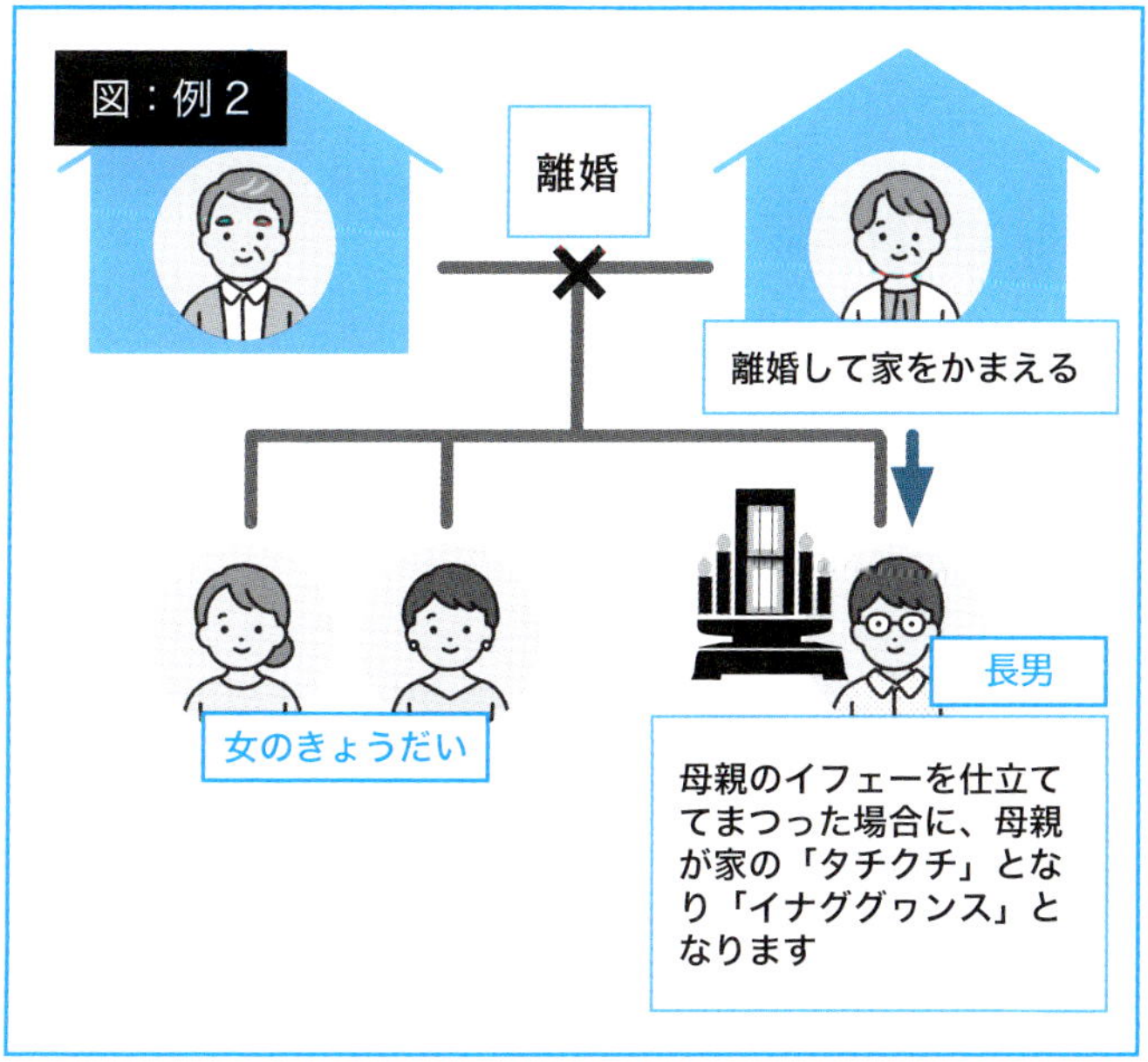

トートーメー

以上、世間によく見られる実例をあげて、トートーメー（位牌《いはい》）の継承《けいしょう》にかかわる問題点を紹介しました。

しかし、一世代に一組の夫婦だけを祖先のイフェーとしてまつり、代々嫡男《ちゃくなん》（長男）によって継承されるという理想の形を何世代にもわたって取りつづけることは、**現実にはとても難しい**といわなければなりません。

太平洋戦争末期の沖縄戦によって、本来であれば当然イフェーの継承者となるはずの長男が、未婚のまま、あるいは跡をつぐべき子をのこさないまま亡くなってしまったという家も、決して少なくありません。

また、長男がヤーをつがず、実家を離れて一家をかまえ、かわりに次・三男があとをつぐというケースも珍しくはありません。それでも県内であればまだしも、本土あるいは外国ということも考えられます。本土には、沖縄のようにイフェーの継承にかかわる「タブー」はありません。イフェーは誰がついでも良いとされているのです。

さらに、最近のように子どもの数が少なく、それに娘だけという家も多くなりました。昔のしきたり通り、**娘たちを嫁に出し、ただ単にイフェーを継承《けいしょう》するという目的だけで養子《ようし》をむかえるということも、現代の世情《せじょう》にはあわなくなりました。**ヤーやイフェーを継承させるためにどうしても男子の誕生を望むという風潮《ふうちょう》も弱くなったようです。

女性は結婚し嫁《とつ》ぎ先で一生を終えるのが当然だとする社会の考え方にも変化が見られるようになりました。未婚の女性、あるいは離婚した後は独身を通す女性がふえました。亡くなったあとに自分がどのようにまつられるのか、特に気にしない、といった女性も増えました。

四つのルールを守り、タブーを犯《おか》さずにイフェーが継承されることが理想だとしても、しかし**実際にはなかなかその通りにはなりません**。現実には、何らかの事情でルール通りにはイフェーの継承ができない、あるいはやむを得ない理由でタブーを犯してイフェーがまつられているというケースがとても多いのも事実です。

トートーメーの継承にからむ問題（その多くは**「四つのタブー」**にかかわる問題が90パーセントをしめているとされています）の解決のために、沖縄では多くの人びとがユタの判示《はんじ》をあおぐのです。

05 シジタダシ（筋正し）

シジタダシとは、イフェーを継承《けいしょう》するための四つのルールを守らず、四つのタブーを犯《おか》して祖先のイフェーをまつり継承されたものを「**正《ただ》す**」ことをいいます。

沖縄本島や周辺離島では、祖先のイフェーをまつり継承できるのは「**シジのある者**」という絶対の条件がつきます。そのため、どのような事情があっても「**シジのない者**」を祖先のイフェーに混じってまつったり、イフェーの継承者とすることは許されないのです。

シジ（マシジ）のある者とは**父方の血筋をひく男子**のことで、ただ単に血のつながりだけを意味しているのではありません。**沖縄でははじめから、女性はイフェーの継承者からのぞかれているのです。**ですから、父親と娘、母親と息子・娘の関係は血のつながりはあっても、イフェーの継承にかかわる「シジ」のある関係ではないということになります。

シジのある者の一番手は、当然のこと嫡男《ちゃくなん》（正妻との間に生まれた長男）ということになります。祖先のイフェーは代々、長男によってまつられ、継承《けいしょう》されるのがもっとも好ましいとされる理由です。

たださうはいっても現実には、いろいろな事情から祖先のイフェーを長男がまつり継承できないケースがでてきます。その場合には兄弟（次・三男）やその子ども、あるいはいとこなどがかわって祖先のイフェーをまつり、継承《けいしょう》することになります。ただそのときでも**「父方の血筋《ちすじ》をひく男子」**という絶対の条件がつきます。**女のきょうだいや母親の血筋をひく者では「シジのある者」とはなりません。**

シジのない者を祖先のイフェーとしてまつるということは、**正しくない祖先**をまつることになり、そのことが原因となって「クワッウマガ（子孫）」に不幸を招いてしまうと信じられているのです。

クワッウマガが病気になったり、繁栄しなかったり、商売がうまくいかなかったりするのは、多くの場合は「シジのない者」を祖先としてイフェーにまつったり、その継承者としていることが原因だとされているわけです。そこで**シジタダシ**がおこなわれることになります。シジタダシをおこない**「シジのあやまり」**を正すと、物事がうまくいくようになると一般的には信じられているからです。

シジタダシの「**ハンジ**（判示）」をだすのは、ほとんどの場合は「**ユタ**」です。そしてユタが「シジのあやまり」だとして正さなければならないとするのは、その90パーセントが、先にあげた「**四つのタブー**」を犯《おか》して祖先のイフェーとしてまつっているケースです。

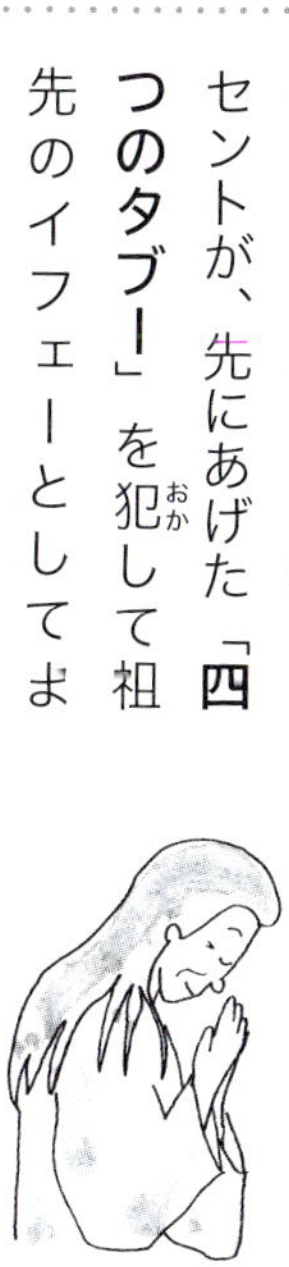

イフェーの継承にかかわる「シジ」のある関係

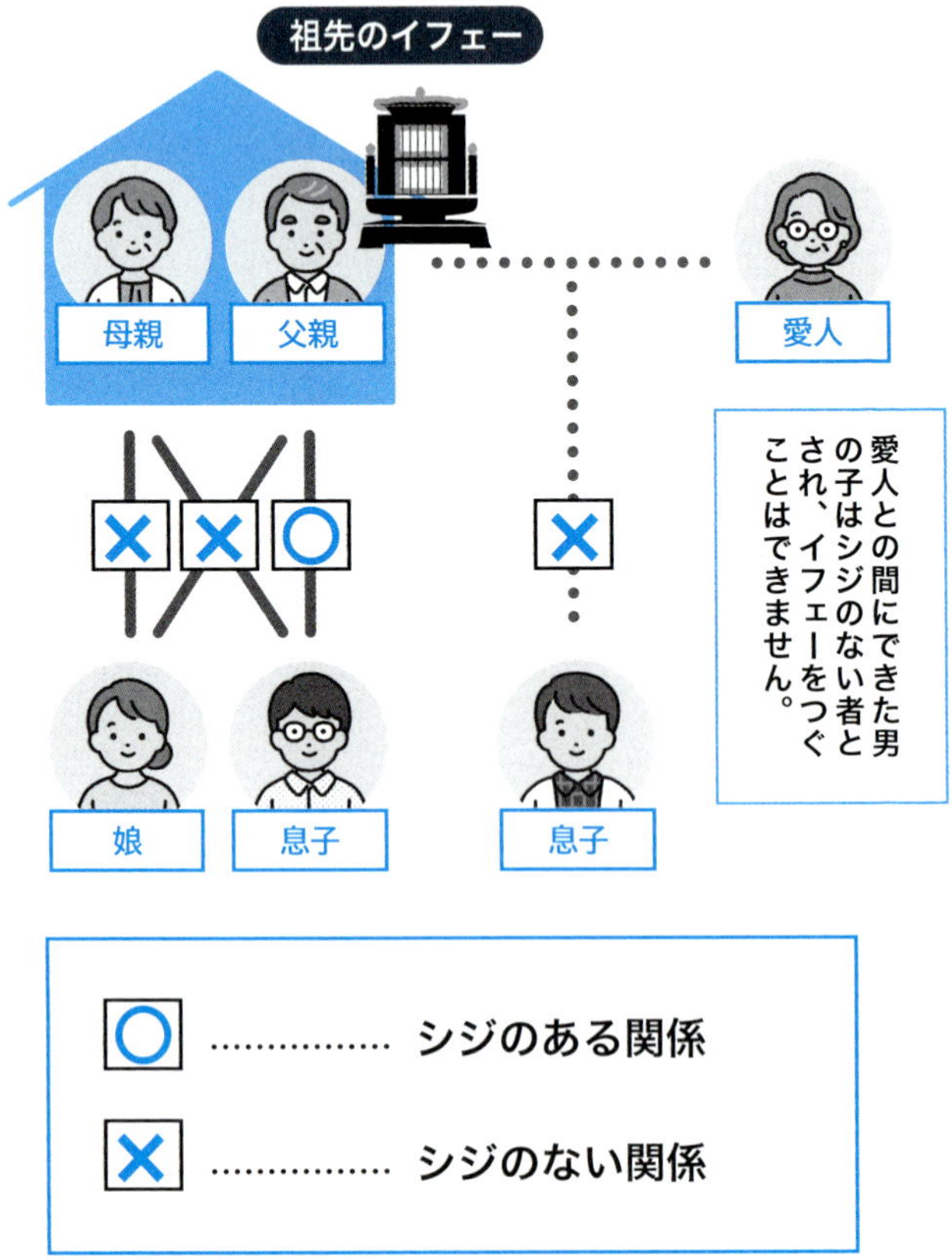

イフェーを継承できるのは「シジのある者」とされ、「父方の血筋をひく男子」のことをいいます。その一番手が嫡男ということになります。

スーコー・トートーメーQ&A?

スーコーとトートーメーにまつわる様々な疑問を、Q&A形式でまとめました。

01 Q. 死者はすべて逆《さか》さまにするわけは?

A

アミチュージのときの「逆さ水」、グソースガイのときの「左前《ひだりまえ》」、遺体《いたい》安置のときの「西枕」あるいは「北枕」、骨揚《こつあ》げのときの「箸渡《はしわた》し」などなど、ふだんの生活とは反対にするのは、亡くなった後の社会が現世とは正反対の社会だとされているためです。それと同時に死に対するおそれがあり、生きている人たちに何らかの影響をあたえて、不幸をもたらすことがないように、との願いからおこなわれています。

02 Q. みそと塩をそなえる理由は?

A

沖縄人は、その昔から死霊《しりょう》（死者の霊魂《れいこん》）をひじょうにおそれてきました。そこで死者の霊魂が祟《たた》らないように「浄《きよ》める」という意味から、みそと塩をおそなえしたのです。

葬列《そうれつ》が家の前を通るときは、死霊が入らないように青竹やほ

うきを門前に立てたり、塩や灰をまいたりしたのは死霊をおそれたからです。

03 Q. 線香の本数と焼香《しょうこう》の回数の意味は？

A

焼香の回数も線香の本数と同じ意味です。

線香一本＝一心不乱に捧げるという意味です。

〃二本＝「戒《いまし》」めを守ることと「定《じょう》（精神を統一して乱れないこと）」とを誓うという意味があります。

〃三本＝三世《さんぜ》（過去・現在・未来）の諸仏や仏・法《ほう》（仏の教え）・増《そう》（仏法をひろめる人）の三宝を敬い、心の中の三毒《さんどく》（人間の善根をそこなう三つの害ーむさぼること・怒ること・理非《りひ》のわからないこと）のすべてを焼きつくすという意味があります。

④Q.通夜《つや》のときの線香は？

A

線香は一本だけ火をつけて立てます。香典を仏前にそなえ、ローソクの火で線香をつけ、炎は手で消して立てます。口で吹き消してはいけません。

⑤Q.友引《ともびき》に葬式《そうしき》をさけるのはなぜ？

A

もともとの「友引」は「引き分けて勝負なし」という意味です。しかし、文字からの連想で、友を引くという意味にとられるようになり、この日に葬式を出すと親しい人が冥界《めいかい》（あの世）に引き寄せられるとされ、葬式をさけるようになったのです。

⑥Q.シンジュウクニチ（四十九日）が年を越すときは？

A

沖縄では年内ですませるケースがほとんどです。

ナンカスーコーが二カ年にわたることはいけないということで、シンジュウクニチを年内で切りあげておこなう家庭が多いようです。そして、シルイフェー（白木の位牌《いはい》）もシンジュウクニチを待たずに本位牌《ほんいはい》（塗《ぬ》り位牌）にかえてしまうようです。

本土では、中陰法要《ちゅういんほうよう》（ナンカスーコー）が三カ月間にわたる（例―五月の下旬に亡くなると、5月・6月・7月の三カ月間におよぶ）といけないということで、「イチナンカ（五・七日）」で打ち切る場合もあるようです。

いずれにしてもナンカスーコーの期間は、亡き人が極楽に行けるか、地獄に落ちるかの決定のくだされるたいせつな供養《くよう》期間だとされており、とちゅうで打ち切るのはよくないという考え方もあります。

07 Q. スーコーはのばしても良いの？

A

沖縄では、スーコーをのばすのは良いが、早めにおこなうのは良くないことだとする考え方があります。

実際に13年忌・25年忌をのばして33年忌といっしょにおこなう場合もあるようです。ところが本土ではその逆で、法事（スーコー）は早めにおこなうのは良いがのばすのは行けないとされています。

スーコーは亡くなった人を供養《くよう》するたいせつな儀礼ですので、でき得るかぎり命日にきちんとおこなうのが良いといえます。

⑧ Q. スーコーが重なったときは？

A

一年のうちに二つ以上の「ニンチスーコー」が重なるときは、スーコーを同時にいとなみ、一回ですませることが多いようです。

この場合の日取りは、早い方の命日に合わせておこないます。ただし、「イヌイ」（一年忌・一周忌）はそれぞれにおこなっているようです。

⑨ Q. 年末・年始に亡くなった場合の葬式《そうしき》は？

A

年末・年始に葬儀《そうぎ》をおこなうと弔問客《ちょうもんきゃく》に面倒をかけてしまうことから、この時期は葬儀を避ける人が多いようです。

⑩ Q. 密葬《みっそう》とは？

A

密葬とは、外部に知らせないで告別式もおこなわず、遺族《いぞく》や親族などのごく親しい人たちだけでおこなう葬儀をいいます。したがって、祭だんも省くのがふつうです。

密葬後は、死亡通知を出して遺骨《いこつ》で本葬をいとなむのが一般的ですが、最近は密葬のみをおこなうケースもふえているようです。

⑪ Q. 神棚《かみだな》封《ふう》じをするのはなぜ？

A

神道では死者は不浄《ふじょう》なものであり、神さまに死者を見せるのは失礼になるという理由で神棚のとびらを閉め、正面に半紙《はんし》をはって神棚を封印《ふういん》するのです。封印を解《と》くのはふつう四十九日の忌《き》明《あ》けです。

⑫ Q. なぜチシャーシウブンは一膳飯《いちぜんめし》？

A

一膳飯とは「盛り切り飯」のことです。

山盛りによそったご飯のまん中に箸《はし》を一膳《いちぜん》（二本）をまっすぐに立てるのは、「死者にそなえる食べものであって、生きている人のものではない」ことを意味するとされています。

ご飯は亡くなったらすぐにチチャーシウブンの分（一合）だけを炊《た》いて残さず盛ります。

⑬ Q. 戒名《かいみょう》の依頼は？

A

戒名をつける場合はお坊さんに依頼して、できれば納棺《のうかん》までに、おそくとも葬儀《そうぎ》までにはつけてもらいましょう。葬儀社の用意する「シルイフェー」に書いてもらいます。

・院号……社会的貢献度の高い人につけられる
・道号……悟りを得た者につけられる
・法号……本来の戒名
・位号……法号の下につくもので、その意味は次の通り
　居士《こじ》＝とくに信心深い男性
　大姉《だいし》＝　〃　　女性
　信士《しんし》＝出家しないで仏道を修めた男性
　信女《しんにょ》＝　〃　　女性
　善童児《ぜんどうじ》＝数え年6歳～15歳ぐらいの男の子
　善童女《ぜんどうにょ》＝　〃　　女の子
　善孩児《ぜんがいじ》＝数え年3歳～5歳までの男の子

⑭ Q. シンジュウクニチの意味は？

A

仏教では「四有《しう》」という考え方があります。生まれる瞬間が「生有《しょうう》」、生まれてから死ぬまでが「本有《ほんぬ》」、死の瞬間が「死有《しう》」、死んでから次の生にむかうまでが「中有《ちゅうう》」です。四有の中の「中有」にあたるのが「シンジュウクニチ」だとされ、49日目に死者の運命が決まるとされています。

⑮ Q. タナバタとユンヂチはすべて吉日？

A

沖縄では、昔から墓の移動やイフェーの書きかえ、取りかえなどは旧暦の「タナバタ」か「ユンヂチ（閏月《うるうづき》）」におこなうべきだとされています。それ以外のときにそういうことをやると、ウヤファーフジ（祖先）の祟《たた》りがあるというのです。

タナバタは「日無《ひな》し」といって、あの世から目のとどかない日だとされています。

太陽暦では一年は365日ですが、太陰暦（旧暦）では354日になるので、ほぼ5年に二回の割合で、同じ月を二度くり返し、一年を13カ月とします。その余分な一月《ひとつき》のことを「ユンヂチ」といいます。

ユンチチもタナバタと同じように、あの世から目のとどかない月だとされ、墓の移動やイフェーの書きかえ、取りかえをおこなっても、なにごとも起こらないとされているわけです。

⑯ Q. イフェーはいつから？

A

【本島】

沖縄でイフェーがまつられるようになったのは15世紀（一四〇〇〜一五〇〇年）であったことが記録のうえからも分かっています。しかし、それは王家や久米村《くめむら》のごく一部の人たちで、一七五〇年代になっても、多くの家ではウコールに砂を入れておいてあるだけで、イフェーはまつられてなかったといわれています。

一般の農民層までイフェーが普及《ふきゅう》するのは19世紀（一八〇〇年代）以降のことだとされています。

【伊計島】

一七八一年に地方役人である名嘉村親雲上が伊計島の人びとにイフェーを安置するように指導している記録があります。一七八〇年代になっても、伊計島ではイフェーをまつる習慣がなかったことが分かります。

【久米島町具志川】

一六七〇年に地方役人の上江洲親雲上智源が、百姓《ひゃくしょう》に対してイフェーを仕立《した》ててスーコーなどをおこなうように指導しています。しかしそれから六〇年後の一八三一年になっても、百姓の中にはイフェーを仕立てない者がいたことも分かっています。

【宮古島】

宮古では、一六六四年に下地親雲上恵隆によってはじめて唐《トー》イフェーがもたらされます。それから約一〇〇年後の一七六八年に、百姓《ひゃくしょう》もはじめてイフェーを仕立《した》てるようになったとされています。しかし、一八五五年の時点でもイフェーを安置していない者がいたようです。

池間島や大神島では、大正期までイフェーを仕立てる風習はなかったといわれています。

【八重山】

一六七八年ごろには、役人の半数以上がイフェーをまつっていたとする記録があります。

一七六八年には、百姓にイフェーの仕立て方やまつり方を指導した功績をたたえた記録が遺《のこ》されています。18世紀の後半ごろから、百姓も徐々にイフェーをまつるようになったようです。

⑰ Q. イフェーの継承《けいしょう》でタブー（禁忌《きんき》）がでてきたのは？

A

門中が組織されるようになった当初のころ（一六〇〇年代の終わりから一七〇〇年代の初めころ）は、同じ父方の血筋《ちすじ》をひかない他系の門中から養子《ようし》や婿養子《むこようし》をとって、ヤー（家）をつがせることがひんぱんにおこなわれてきました。

沖縄では「ヤー」をつぐことは、当然のこととして「イフェー」もつぐことを意味します。したがって、父方の血筋にこだわることなく養子や婿養子をむかえヤーをつがせていた時代には、「イフェー」をつがせるのにタブーはまったくなかったのです。

ところが、いつの間にか沖縄の門中が同じ父方の血筋をひく者でなければいけないというふうに変わってきたのです。そうなると当然のこと、「シジのない者」（父方の血筋をひかない者）は門中として認められないということになり、それが現在までつづいているのです。

それ以来、イフェーの継承《けいしょう》も「シジのある者」（父方の血筋《ちすじ》をひく男性）という絶対の条件がつくようになり、先にあげた「四つのタブー」がでてきたというわけです。

四つのタブーは農民層がイフェーをまつるようになってから、一八〇〇年代以降に出てきた風習で、それほど古いものではありません。

⑱ Q. 門中の変化とイフェーの継承《けいしょう》問題は？

A

かつて、他系の門中から養子《ようし》をとった家では、養子のあとにつらなる祖先のイフェーは「正しい祖先」としてまつるが、それ以前は父方の血筋《ちすじ》が異なる（タチーマジクイ）としてまつるべきではないとされているようです。養子になった人をその家の「タチクナ（一番はじめの祖先）」としてまつるということです。

⑲ Q. シジタダシは全島的におこなわれているの？

A

イフェーの継承《けいしょう》で「四つのタブー」のある地域では、祖先のイフェーを「シジのある者」に正す「シジタダシ」がさかんにおこなわれています。しかし「四つのタブー」のない地域では、当然のことながら「シジタダシ」はおこなわれていません。

⑳ Q. シジタダシのおこなわれている地域は？

A

本島と周辺離島では、イフェーの継承《けいしょう》は四つのルールを守り、四つのタブーを犯《おか》さないようにという意識がとても強い地域です。ですから、イフェーの継承はとても厳格《げんかく》なものだとされています。特に「タチーマジクイ」・「チョーデーカサバイ」はさけるべきだとする考え方が強いようです。

㉑ Q. シジタダシの全くおこなわれていない地域は？

A

宮古島地域や奄美地域には門中組織はなく、状況によっては母方や妻方のイフェーも受け入れてまつります。イフェーの継承にまつわるタブーは人びとの間にも存在せず、当地のユタでも、タブーは意識されていないといわれています。したがって、シジタダシなどは全くおこなわれていません。

八重山地方は近年になって、本島の考え方が取り入れられるようになり、父方の祖先をたどりイフェーの整理がおこなわれているようです。その結果、イフェーの継承者《けいしょうしゃ》として、父方の血筋《ちすじ》をひく男性が優先される傾向が見られるようになったとされています。

㉒ Q. タブーが厳格でない地域は？

A

つい最近まで、本島の国頭地域や久米島地域では「チョーデーカサバイ」や「チャッチウシクミ」などの事例がふつうに見られたようです。また、本島では絶対にさけるべきだとされている「タチーマジクイ」にしても、それほど厳格なものではないとされています。以上見てきたように、イフェーの継承にまつわる「四つのタブー」、そしてタブーを犯《おか》してまつられたイフェーを正す「シジタダシ」は全島的に見られる習俗ではなく、主として門中組織のあるなしに大きくかかわっていることが分かります。

㉓ Q. ヒジュルグヮンスとは？

A

沖縄では、人が死んだらどんな人でもイフェーとしてまつられなければならないとする考え方があります。

イフェーとしてまつられるためには、それをまつる者がいなければいけません。しかし、世の中にはいろいろな理由からまつる者がいないイフェーがあります。このようなイフェーのことを「ヒジュルグヮンス（冷たい位牌《いはい》）」といい、沖縄ではとても忌《い》み嫌《きら》われます。

㉔ Q. アジカイグヮンスとは？

A

適当な継承者《けいしょうしゃ》がなく、ヤーの継承者もなく途《と》絶《だ》えた状態にあるイフェーを一時的にあずかってまつることを「アジカイグヮンス」（預かり位牌）といいます。主として、夫側からみて妻方や母方のイフェーを預かるケースが多いようです。

㉕ Q. ウンヌグヮンスとは？

A

まつる者、あるいはまつる者の祖先が大変お世話になった家のイフェーをまつることを「ウンヌグヮンス」（恩のある位牌《いはい》）をいいます。

これらのイフェーは、いずれも一時的にまつるもので、まつる者が自分の家の仏だんにイフェーを安置してまつってはいけないとされています。

㉖Q.王家に「四つのタブー」はあったのか？

A

まず第一尚氏王統（一四〇六～一四六九年）から見ていきます。

尚巴志（二代目）のあとをついだのは次男の尚忠（三代目）、尚忠のあとは弟の尚思達（四代目）、尚思達のあとは尚巴志の六男の尚金福（五代目）がつぎ、そのあとは尚金福の弟の尚泰久（六代目）、尚泰久のあとは三男の尚徳（七代目）がついでいます。

これから見ても、第一尚氏王統時には「チョーデーカサバイ」や「チャッチウシクミ」などといったタブーがなかったことが分かります。

次に第二尚氏王統（一四七〇～一八七九年）の継承を見ていきます。

始祖の尚円のあとは弟の尚宣威（二代目）、尚宣威のあとは尚円の長男の尚真（三代目）、尚真は五男の尚清（四代目）にゆずっています。尚清のあとは次男の尚元（五代目）に、尚元は次男の尚永（六代目）にあとをつがせています。

尚永には世継ぎがなく、尚真の長男である尚維衡の曾孫にあたる尚寧（七代目）があとをつぎます。

尚豊（八代目）のあとは、三男の尚賢（九代目）にゆずり、尚賢のあとは、叔父の尚質（十代目）がついでいます。

尚質のあとは長男の尚貞（十一代目　一六六九〜一七〇句年）がつぎ、それ以後は長男が継承《けいしょう》していますが、尚温（十五代目）のあとをついだのは四男の尚成（十六代目）で、尚育（十八代目）のあとは次男の尚泰（十九代目）がついでいます。

このように、第二尚氏王統になっても「チャッチウシクミ」もあれば、「チョーデカサバイ」も見られます。どうやら民間ではタブー視されたことも、王家ではあまり問題にされなかったようです。

日本の位牌は、中国の牌位（ペイ・ウェイ）の習俗が禅宗とともに鎌倉時代から中世にかけて入ってきたものが始まりだとされています。念仏宗などが発展するにつれて、一般にも普及していったといわれています。

●沖縄の漬物とおやつ

色を愛でるもよし、音を楽しむのもよし、味を堪能するのもよい。手づくりレシピ74。

・家庭料理友の会編

・定価：本体価格 1,600 円＋税

●絵でみる御願３６５日

新旧御願カレンダー、年中行事から屋敷の御願まで、ウサギムンとそなえ方、重箱料理の詰め方とそなえ方、火の神・トートーメー・お墓での祈願と拝み方

・むぎ社編

・定価：本体価格 1,600 円＋税

●沖縄行事料理とふるまい料理

手づくりをモットーとする主婦のつくり出したぬくもりの73レシピ。フルカラー版。

・家庭料理友の会編

・定価：本体価格 1,600 円＋税

●福を招く家づくり墓づくり

満福の相の家づくり墓づくりを求めるあなたへおくる最高の指南書。

・田仲花朱／虹水
：共著

・定価：本体価格 2,000 円＋税

●三山とグスク

相関図でみる三山時代のグスクと三人勢力に収斂されるグスクの興亡。

・座間味栄議著

・定価：本体価格 1,760 円＋税

●トートーメーQ＆A

一問一答で読み解く継承問題、位牌祭祀、年中行事、人生儀礼とのかかわりなど、すべてを網羅した実用書。

・座間味栄議著

・定価：本体価格 2,000 円＋税

●沖縄祝い事便利帳

子どもの誕生からトゥシビー、家や墓の新築まで、すべての祝い事のバイブル。

・座間味栄議著

・定価：本体価格 1,500 円＋税

●沖縄の魔よけとまじない

石敢當・ヒンプン・シーサー・フーフダ・貝に見る沖縄人の魔の世界観。

・座間味栄議著

・定価：本体価格 2,000 円＋税

●沖縄の聖地

琉球の開びゃく神話に登場する聖地巡礼のためのガイドブック。

・湧上元雄／
　大城秀子共著

・定価：本体価格 2,500 円＋税

●沖縄「歴史の道」を行く

沖縄版「東海道 53 次」を現代に甦らせた新歴史ロマン。

・座間味栄議著

・定価：本体価格 2,500 円＋税

● 参考文献

『沖縄県史５　文化１』・「庶民の信仰となった宗教」／島尻勝太郎／国書刊行会
『沖縄県史５　文化１』・「固有信仰」／宮城栄昌／国書刊行会
『沖縄県史 22　民族１』・「衣・食・住」／平敷令治／国書刊行会
『環中国海の民俗と文化』・「祖先祭祀」／窪徳忠／凱風社
『環中国海の民俗と文化』・「沖縄の位牌祭祀」／青山朝彦／凱風社
『窪徳忠先生沖縄調査 20 年記念論文集』・「祖先と祖先論」／比嘉政夫／第一書房
『窪徳忠先生沖縄調査 20 年記念論文集』・「位牌継承とユタ」／新崎進／第一書房
『祖霊信仰と他界観』／赤田光男／人文書院
『女性優位と男系原理』・「沖縄の民俗社会構造」／比嘉政夫／凱風社
『南島文化への誘い』・「南島民俗宗教への誘い」／平敷令治／那覇出版社
『沖縄の祭祀と信仰』／平敷令治／第一書房
『沖縄農村社会文化史』／大井浩太郎／勁文社
『日本の民俗』／源武雄／第一法規
『沖縄の法事』／松久宗清／佐久田出版
『沖縄の葬式』／佐久田繁編著／月刊沖縄社
『葬儀・法要・相続常識事典』／主婦の友社
『葬儀のあとの手続き届け出百科』／葬儀霊園文化研究会／日本文芸社
『琉球の死後の世界』／崎原恒新／むぎ社
『トートーメーＱ＆Ａ』／座間味栄議／むぎ社
『お葬式の後にすること』／大滝忠弘、大滝知秀、吉田久伸、伴広樹、菅原由紀、安宅秀中／法研

沖縄の葬式と法事と位牌
改訂版スーコーとトートーメー　定価・本体価格 2100 円＋税

2007 年 2 月 15 日　第 1 刷発行（初版）
2024 年 12 月　第 1 刷発行（改訂版）
編著／むぎ社

発行／むぎ社
〒 901-2424　沖縄県中城村南上原 425-1
TEL／FAX　098-895-3587

印刷／（株）近代美術

ISBN978-4-944116-57-7 C0039　¥02100E

むぎ社　https://www.mugisha.net/
御願ドットコム　https://www.ugwan.com/